004
선우 올리브 북스

풍경이 있는 테마 에세이

슬픔·그리움 哀

선우 올리브 북스 ④

슬픔·그리움 哀

1판 1쇄 인쇄 | 2007년 3월 15일
1판 1쇄 발행 | 2006년 3월 20일

지은이 | 이정원
펴낸이 | 이선우
펴낸곳 | 도서출판 선우미디어
등록 / 1997. 8. 7   제2-2416호
100-846 서울 중구 을지로3가 104-10
신성빌딩 403 ☎ 2272-3351, 3352 팩스: 2272-5540
E-mail: sunwoome@hanmail.net
Printed in Korea ⓒ 2007. 이정원

값 6,000원

※잘못된 책은 바꿔 드립니다
※저자와의 협의하에 인지 생략합니다

ISBN 89-5658-131-2 03810
ISBN 89-5658-127-4 03810(세트)

슬픔·그리움 哀

꽃에 담은 마음의 오계절 ③

이정원

선우미디어

작가의 말

고백의 문학이라는 수필에 이십 팔 년 동안 뭍꽃과 물꽃의 이야기만을 담아왔다.

喜기쁨·怒노여움·안타까움, 哀슬픔·그리움, 樂즐거움 그리고 내 이름 가운데 글자인 靜고요함.

저절로 '꽃에 담은 마음의 오계절'이 됐다. 마지막 계절인 靜에 이르기 위해 긴 기간 꽃수필을 써온 게 아닌가 하는 생각이 든다.

한 차례 흔들림이 있을 때 들었던 꽃들의 아우성이 떠오른다.

"네 맘대로 써내다가 이제 와서 그만 두면, 남아 있는 우리의 기다림은 어디로 가라고"

꿈 속까지 따라오는, 곱지만 날카로운 그 아우성에 못 이겨 다시 쓰기로 작정했었다.

"차라리 꽃수필을, 터져나오듯 꽃이 피는 사월에 태어난 내 생명의 작업으로 여기자꾸나. 모자라는 말로 그려내느라 저네들 얼굴을

엉망으로 만들어 놓았다고, 종당에는 꽃들의 지옥에 끌려가는 한이 있더라도."

  다섯 계절의 꽃이야기를 묶는 동안 힘이 되어준 많은 이에게 고마움을 느꼈다. 풍수조경가인 남편과 자연과학도이면서 트럼펫을 부는 아들 준호, 두 남자에게 특히 그렇다.

  꽃사진 주신 에드몬드 수사님과 조여선님과 늘 꽃 들고 찾아오는 제자 병국과 선우미디어의 선우님과 은영님에게도 물론.

  시어머님과 친정어머님은 아니 계시니 안타까울 뿐이고, 영원한 老兵이신 친정아버님과 성모님께서 애썼다고 등 두드려 주시면 좋겠다.

2007년 3월
이정원

풍경이 있는 테마에세이

슬픔·그리움

이정원

작가의 말 4

시클라멘 선녀 8

피에타의 꽃길 13

눈꽃산호 사랑 18

능소화 낭자 24

모란의 여인들 30

황매화의 재齋 35

산철쭉 비탈 39

나리꽃 임종 43

꽃잎 이불 48

배꽃 자리 53

앵두꽃 손짓 58

은빛 꽃가루 63

카스피아 눈물 68

바다백합 계곡 73

옥매화 그늘 79

사루비아 별장 83

크로바꽃 인연 88

참비비추 영혼 93

벌개미취 물가 99

양란의 수도원 104

극락조화 그림자 110

프리자 여인 115

스타티스와 노인 120

히아신스 여왕 126

꽃무릇 생명 130

시클라멘 선녀

 **지난 겨울엔** 인상적인 카드를 하나 받았다. 대학교 선배로부터 온 것인데, 그 안에 적힌 말이 시클라멘을 생각나게 했다. 그 꽃이 지닌 자책감이 어느 때보다 강하게 다가오는 기분이었다.

"뜨거운 여름날에도 산 계곡 깊숙이 응달진 곳에는 잔빙이 남아 있다. 정원이의 순결함은 그 얼음덩어리처럼 타락과 혼탁의 열도가 날이 갈수록 더한 이 속세에서 그 서늘함과 단단함을 더하고 있다. 이 사실을 알고 있는 나는 늘 즐겁다."

의례적인 인사말이 있겠거니 하고 폈다가 뜻밖의 내용이 담겨 있어 당혹스러웠다. 내게는 전혀 어울리지 않는 표현이라 민망하기도 하고, 그와는 거리가 먼 자신이 부끄럽기도 했다.

졸업 후 십 년 가까이 못 본 그 선배를 만난 것은 일 년쯤 전, 가르침을 받았던 교수님의 출판기념회에서였다. 그동안 대만에서 공부를 하고 왔다는 소식은 들었는데 그런 자리에서 마주치게 되니 반가웠다. 한데, 안부를 묻고 나서 그가 내게 던진 말은 의외였다.
 "난 네가 지금쯤 수녀가 되어 있을 줄 알았다."
 왜 하필이면 수녀냐고 묻자, 대학교 때 넌 꼭 수도자가 될 것 같은 느낌을 주었다고 대답하는 거였다. 그리고는 각자 일행이 있어 수필집을 보내주겠다는 약속을 하고 헤어졌다.
 책을 보내주고 나서는 또 잊고 있었는데 막상 카드를 받고 나니, 그날 돌아오면서 그랬던 것처럼 다시금 나의 대학 시절을 떠올리지 않을 수가 없었다.
 문예현상 모집에 소설이 당선되어 무시험으로 입학을 했던 나는 가난한 여학생이었다. 장학 혜택은 일 년으로 끝났으므로, 나머지 삼 년 동안은 계속 장학금을 타기 위해 열심히 공부해야 했다.
 강의를 빠진 적은 물론 없었으나, 과에서 행사가 있을 때면 선택 과목이 걱정이었다. 한 번은 우리 과에서 야유회를 가던 날 서양 사상사가 들어 있었는데, 나 혼자 출석을 하자 다른 과 학생들까지 이상하게 바라봤다.
 그런 나를 이해하려 애쓰며 때론 충고도 해준 이가 그 선배였다. 언젠가 내 소설을 보여준 적이 있었는데, 다 읽고 나서 실망했다는 말을 서슴없이 했다. 여고생 수준을 면치 못했다면서, 그것이 꽉 막힌 너의 사고 탓이라고 생각지 않느냐고 했다.

그 무렵엔 나 자신도 그 문제로 갈등을 하고 있던 터라 저절로 눈물이 났다. 해가 넘어가는 대운동장 스탠드에 앉아서 우는 나를 그는 아무 말 없이 바라만 보았었다.

결국 총장상을 타고 졸업을 하며 난 딱히 누구라고는 할 수 없는 얼굴들을 향해 자랑스럽게 웃을 수가 있었다. 그 상으로 해서 외로운 대학 생활이 충분히 보상을 받은 듯했다.

하나 직장 생활을 시작하고 차츰 나이가 들어가면서는, 그런 생활만이 꼭 가치 있는 건 아니라는 생각이 들 때가 있었다. 남과 어우러지는 여유도 중요하다 싶어 모나게 굴지 않게 됐다.

가운데를 걷기란 역시 어려운 일인지, 그러다 보니 요즘엔 내가 너무 주관없이 사는 게 아닐까 하는 회의가 생겨났다. 아이를 낳고 처음 성당에 발을 들여놓을 즈음엔 진작 수도자의 길을 택하지 못한 걸 아파할 정도였는데.

나이에 어울리는 모습을 하고 싶다는 욕심에 옷도 많이 사들이고, 세상적인 풍요에 대한 욕구도 늘었다. 뭘 하든지 왜 그리 남을 의식하게 되는지, 그런 나를 탓하다 보면 저절로 사이클라멘 선녀를 생각하게 되곤 했다.

봄선녀들 중 가장 예쁜 사이클라멘 선녀는 신의 귀여움을 독차지해서 꽃 소식을 전하는 일을 맡았다. 이 꽃 저 꽃 사이를 오가며 언제 언제 피라고 일러 주어서 꽃들에게도 사랑을 받았다.

그 선녀가 사랑하는 목동이 냇물의 여신을 사랑하게 되면서 일이 생겼다. 목동은 꽃이 피어 있지 않아서, 양을 데리고 먹이를 찾아다니느라 못 만난다고 핑계를 댔다.

선녀는 목동의 사랑을 되찾겠다는 생각에 제 마음대로 꽃들에게 서둘러 피라고 해버렸다. 그런 뒤에도 목동이 자기에게로 돌아오지 않자, 비로소 배반당한 걸 알게 됐다.

그 슬픔도 슬픔이려니와 어리석은 사랑에 빠져 신의 명령까지 어긴 사실을 괴로워한 나머지, 사이클라멘은 두 번 다시 땅에 내려오지 않을 결심으로 날개가 달린 옷을 벗어 던지고 말았다.

자신의 추한 행동을 용서할 수 없었던 그녀의 날개옷이 떨어져 피어난 것이 시클라멘이라는 꽃이었다. 그래서인지 시클라멘의 꽃잎은 피어나면서 끝이 모두 하늘을 향한다. 마치 두 팔을 들어 누구에겐가 죄 사함을 구하는 것 같은 모양새다.

선배의 카드를 받고 어느 때보다 강하게 그 꽃을 떠올린 건 변해 버린 자신에 대해 스스로도 반성을 하고 있던 참이어서였을까. 그동안 현실적인 것에 눈이 팔려 진정으로 가치있는 것에 대한 고집을 외면하고 있었다는 생각이 들었다.

오랜만에 만났을 때 수녀가 되어 있을 줄 알았다든가, 여름날 숲 그늘에 남아 있는 잔빙에 비유한 건 어쩌면 실망의 반대적인 표현인지 모른다. 진실로 맑게 살아 주기를 원했던 후배의 흐려진 모습에 대한 강한 고개 저음.

겨울이 가고 봄이 오는 길목에서 결국은 시클라멘 화분을 하나 샀다. 안으로 똘똘 말렸던 봉오리가 풀어지며 진분홍빛 다섯 장 꽃잎이 모두 하늘을 향했을 때에야 비로소 그 선배에게 짤막한 편지를 띄울 수가 있었다.

"내겐 전혀 맞지 않는 찬사라는 걸 알면서도 내심 흐뭇했습니다. 누군가가 그렇게 보아 준다는 사실만으로 내 삶이 충분히 의미 있다는 생각을 했습니다. 올 일 년은 예전의 나로 돌아가는 여정 속에 있을 것입니다."

피에타의 꽃길

한 아이의 어머니라는 사실이 가슴뿌듯한 기쁨이다가도 견디기 힘든 쓰라림으로 안겨올 때가 있다. 나 자신만으로 돌아가고 싶을 때나, 이 일 저 일에 치여 모든 걸 다 놓아버리고 싶을 때.

아이는 그 어떤 것과도 견주어지지 않는 아픔으로 가슴 한가운데 매달려, 이제는 그러한 자유마저도 허락되지 않는다는 걸 날카롭게 일깨워 주곤 한다. 자식이란 어미에게 있어 평생 십자가라고 하시던 어머니의 말씀이 그렇게 절실하게 와 닿을 수가 없다.

그럴 때마다 깊은 위안이 되어 오는 건 피에타pietà, 십자가에서 내려진 예수를 안고 슬퍼하는 마리아상이다. 겸허한 마음이라는 뜻을 지닌 이탈리어 pietas에서 나온 피에타pietà는 그리스도의 시신을 안은 성모를 표현한 그림이나 조각을 일컫는 말로 '비탄의 어머니'라는 의미가 담겨 있다.

내가 가지고 있는 것은 미켈란젤로가 만든 대리석의 피에타상을 석고로 작게 본뜬 것이다. 어머니라는 사실이 쓰라림으로 여겨지는 날 그것을 들여다보노라면 이보다 더한 어머니의 고통이 또 있을까 싶어 마음이 처연해진다.

가시관을 쓰고 끌려간 아들은 끝내 십자가에 못박혀 숨을 거두고, 그 시신을 끌어내려 무릎에 눕히고 내려다보는 어머니의 얼굴은 처절한 슬픔에 눈물조차도 흘리지 못하는 형상이다.

어머니가 안을 수 있는 슬픔의 극치라고 해도 좋을 그 피에타상 앞에서, 어머니이기에 겪는다고 여겨온 내 자잘한 괴로움들은 아예 할 말을 잃고 만다.

뒤이어 떠오르는 것은 피에타상의 마리아가 다름 아닌 그 고통을 통해 천상 어머니의 자리에 올랐다는 것. 나사렛 마을의 한 처녀가 하느님의 뜻을 따라 걸어야만 했던 쓰라림의 길이 하늘에서는 정녕 아름다운 꽃길로 화했다는 사실이다.

뜻하지 않게 그 길의 상징을 볼 수 있었던 건 몇 년전 '아론의 집'에서 열린 꾸르실료 강습 때였다. 그것은 스페인의 마요르카 섬에서 후안 헤르바스 주교가 처음 시작했다는, 크리스천 생활의 심화를 위한 단기 강습이었다.

첫날 저녁에 바로 내가 그 교육을 받을 자격이 갖추어져 있지 않다는 걸 알았다. 오십 명이 넘는 다른 이들은 모두 성당에서의 활동이 두드러진 사람들이었다.

나흘간의 교육 기간 동안, 밖으로는 한 발자국도 나가지 않은 채 빈틈없이 진행되는 프로그램은 가슴뭉클하게 하는 내용이 많았다. 하지만 무엇보다 강하게 와 닿은 것은 피에타의 꽃길이었다.

일정이 끝나던 날 새벽 간간이 들려오는 노래 소리에 잠을 깬 건 아니었다. 누군가 날 내려다보고 있는 듯한 느낌이 들어 눈을 뜨니 방엔 여전히 어둠이 깔려 있었다. 일어나기엔 아직 이른 시간인 게 분명했으나, 왠지 모를 설레임이 일어 더는 누워 있을 수가 없었.

이상하게 불마저 켜지지를 않아 더듬거리며 옷을 찾아 입고는 세수를 했다. 얼마를 침상에 걸터앉아 있노라니 조용히 방문이 열리며 어서 나오라는 소리가 들려왔다.

그 소리를 따라 밖으로 나가자, 가는 비가 내리는 긴 길의 양쪽엔 노래를 부르며 줄지어 선 촛불의 행렬이 있었다. 혹시 꿈을 꾸고 있는 건 아닐까 하며 이끌려 간 곳은 불이 켜진 성당. 그곳에 발을 들여놓는 순간 공중에 걸린 십자가에 매달린 예수님의 팔은 그대로 화살이 되어 날아왔다.

나는 너를 믿고 있는데, 너는 언제까지 나를 외면할 셈이냐. 너로 하여 내가 이렇게 매달려 있다는 걸 정녕 모르느냐.

헤아릴 수조차 없이 많은, 그냥 묻혀진 줄만 알았던 잘못들이 일

시에 되살아나며 가슴을 흔들어댔다. 그 중에서도 아이를 아프게 했던 기억은 기어이 울음을 터뜨리게 하고야 말았다.

안간힘을 써도 버려지지 않는 집착에 시달리다 못해 섣불리 손목에 상처를 냈던 날. 삶은 달걀을 제일 맛난 음식으로 알던 아이는 울먹이며 다가와, 엄마 내가 달걀 삶아 줄 게 피나지 말고 일어나요 하지 않았었나.

그런 아이를 끌어안고 뉘우치며, 어머니로 살아가는 길이 결국은 나를 다 내놓아야 하는 십자가의 길임을 새삼 깨달았었다. 한 생명을 맡았다는 엄숙한 의무 앞에선, 차라리 숨을 거두고 싶다든가 하는 말조차도 감정의 사치에 불과한 거였다.

그 뉘우침이 되살아나자 쉴 새없이 눈물이 흘러 내렸다. 내내 흐느끼며 미사를 마치고 밖으로 나왔을 때 비가 내리던 길엔 어느새 아침 햇살이 눈부시게 퍼지고 있었다.

그 햇살을 받으며 걷다보니 눈에 들어오는 게 있었다. 길옆 언덕에 앉아 있는 더할 수 없이 슬픈 어머니의 얼굴. 어머니로서 안을 수 있는 가장 깊은 슬픔의 모습을 한, 그래서 위안이 되어오곤 하던 피에타상이었다.

커다란 피에타상 둘레엔 노란 루드베키아가 무더기로 피어 있어 슬픔을 오히려 아름답게 하고 있었다. 이미 숨을 거둔 아들과 그 아들의 시신을 안고 내려다보는 하얀 어머니는, 그 꽃들에 둘러싸여

막 승천을 하려는 듯이 보이기까지 했다.

자기를 온전히 내어주고 순명하며 걸어간 쓰라림의 길이 하늘에서는 찬란한 영광으로 피어났음을 확연히 알게 한 그 아침 이후, 어머니라는 사실이 힘겹게 여겨지는 날이면 그 언덕의 피에타상을 떠올리곤 한다.

눈꽃산호 사랑

물 속을 모를 때는 눈꽃이 뭍에서만 피는 줄 알았다. 새벽 안개가 나무를 스치고 지나간 뒤 찬바람이 불면 그 물기가 얼어붙어 생기는 눈꽃. 그런 눈꽃을 전혀 예상치 않게 물 속에서 마주 대했을 때, 자연의 아름다움이란 이렇게 정반대의 환경 속에서도 일치를 이룰 수 있는 것이구나 싶어 기슴이 뛰었다.

열대 바다에서 끝이 희끗희끗한 사슴뿔산호가 죽 깔려 있는 것을 보며, 철쭉의 마른 가지에 초설이 내린 풍경을 연상한 적은 있었다. 그러다 문암에 가서 안개와 찬바람이 만나 피어난 눈꽃을 닮은 산호를 대하게 되니, 감탄이 놀라움으로 변하는 거였다.

맑고 차가운 물 속에 자리한 절벽과 그 절벽 면에 가로 붙어 자라고 있는 손바닥만한 산호들. 그들은 갈색의 가지에 눈송이가 내려앉은 모양새와 가지 전체가 눈으로 감싸인 새하얀 눈꽃의 모양새로 겨울산의 정취를 자아내고 있었다.

내가 뭍에서 피어나는 눈꽃에 매료당한 건 몇 년 전 초겨울이었다. 동료 교사들과 새벽 산길을 오르려니 하얀 빛깔을 띤 나뭇가지들이 눈에 띄었다. 얼음조각이 솟아날 정도의 눈꽃은 아니었지만 얼마나 신기한지 몰랐다.

'이건 어쩌면 안개가 나뭇가지를 감싸안으며 사랑을 나눈 흔적과 같구나. 아직 어둠이 걷히지 않은 새벽, 차가운 바람 안에서 이루어진 그 사랑의 결정체가 바로 저 눈꽃인지도 모르겠구나.'

꼭대기까지 갔다가 되돌아 내려오며 흰옷을 입은 나무들을 또 볼 수 있으리라 여겼다. 한데 눈꽃은 간 데 없고 나뭇가지에서는 이슬이 맺혀 떨어지고 있었다. 눈처럼 부드러운 얼음조각들이 아침 햇살에 다 녹아 버린 탓이었다.

순간 나뭇가지에 매달린 그 물방울이 안개의 손길을 원없이 품어 안았던 나무의 눈물로 보여졌다. 찬바람 스치는 새벽에 피어났던 사랑은 자취없이 스러져가고, 그리움만 방울져 떨어지고 있는 것 같아 가슴이 저려왔다.

깊고 짧은 사랑의 모습으로 마음에 새겼던 그 눈꽃을 또다시 보게 된 건 이듬해 겨울 한라산에 가서였다. 산밑에는 노란 감귤과 빨간 명자꽃이 있고, 좀 오르면 낙엽이 지고 눈발이 날리다가는 이내 설원이 됐다.

내린 눈이 쌓여 벚꽃처럼 피어난 눈꽃은 말할 것도 없고, 나뭇가지를 스쳐 간 안개의 너울이 박태기꽃처럼 피어난 눈꽃 또한 만발해 있었다. 더구나 그 눈꽃들은 잠깐 햇빛이 비칠 때마다 영롱한 빛을 발하곤 했다.

그걸 보면서도 연이어 떠오르는 건 물방울로 화해 버렸던 눈꽃의 또 다른 모습. 지금은 저렇게 눈부시게 피어 있는 눈꽃들이, 이 겨울이 가고 봄이 오기 시작하면 어느 결엔가 다 녹아서 스러져 버리겠지 하는 거였다.

그러고 나면 안개의 손길을 간직한 채 그 자리에 서 있을 수밖에 없는 나무의 가지엔 아린 눈물이 맺혀 떨어지고 눈꽃의 사랑이 그렇게 사라지듯이, 우리의 사랑 또한 진실로 깊게 피어난 것일수록 그처럼 자취없이 져가야 하는 것이리라.

그러다 지난 해 시월 말 물 속에서 눈꽃을 다시금 보게 될 줄은. 작은 항구에서 배를 타고 나가 들어간 물 속은 수심이 삼십 미터가 넘었다. 수면에서 십 미터 정도까지는 그래도 훤하더니 그 다음부터는 어두컴컴해졌다. 계속 내려가자 저 아래 바닥이 보이기 시작하며 더할 나위 없이 맑아졌다.

삼십 미터나 들어온 물 속이, 마치 물이 없기라도 한 양 어찌 그리 투명할 수가 있는지. 그런 만큼 수온도 낮아서 장갑을 낀 손이 곱아 잘 펴지지가 않았다.

얼음 같은 물 속에서 살아서일까. 샘물이라도 솟아날 것 같은 바위 틈에서 노니는 물고기들 또한 눈알이 유난히 때글때글해 보였다. 눈에 익은 감태나 다시마의 이파리도 정갈하기 그지없었다.

등줄기로 스며드는 찬 기운 때문에 얼마 머물지를 못하고, 옆으로 이동하며 이십 미터쯤 되는 곳으로 올라왔다. 그러자 능선의 굴곡이 심한 절벽이 나타났다.

절벽 면에는 갈색 가지에 하얀 폴립이 붙어 눈이 내려앉은 나뭇가지의 모습을 한 고르고니안 산호와, 눈에 감싸인 모습을 한 새하얀 가지의 뿔산호들이 줄줄이 붙어 자라고 있었다.

"겨울 산에서 보았던 눈꽃을 이 깊은 물 속에서 다시금 보고 있다니. 새벽 안개가 나뭇가지를 스치며 하얀 눈꽃을 피워내듯이, 맑고 차가운 바닷물이 산호의 가지를 감싸고 돌면서 곱게 얼어붙기라도 한 걸까."

거기다 산호의 가지 위에서만 먹이를 구한다는— 등어리 전체에 꽃술과 같은 돌기가 나 있는— 하얀 갯민달팽이들까지 여기저기 붙어 있었다. 그 달팽이들은 맑은 사랑을 품었던 이들의 영혼이 화해 눈꽃산호의 가지에 날아든 나비처럼 보이기도 했다.

비경이라기보다 선경이라는 말이 어울릴 그 물 속에서 피어난 눈꽃을 보며, 다시금 깊은 사랑의 아픔을 생각했다. 산에서 만난 눈꽃과 더불어 물 속에서 만난 그 눈꽃 산호보다 더 강하게 영혼의 사랑을 느끼게 하는 존재를 만나게 될 것 같지가 않다.

능소화 낭자

달빛이 내리는 밤에 보는 능소화는 전설 속의 낭자를 연상시키고 남았다. 주황빛이라 달빛 아래서도 선명하게 보이는 꽃송이가 그 낭자의 발걸음으로 여겨지기까지 했다.

"언젠가 밤 뜨락을 거니는 그대를 본 적이 있오. 깊은 생각에 잠긴 늣한 여인의 단아한 걸음걸이. 그래서 얼음 릉凌과 물결 파波를 써서 능파凌波라 했다오."

장차 배필이 될 젊은 선비가 은혜하는 낭자를 보며 했다던 말이거늘. 낭자는 능파라 불리운 차가운 그 걸음으로 결국 죽음을 향해 가고 말았기에 가슴이 저려 왔다.

이름조차 몰랐던 능소화. 그 꽃을 처음 본 건 오래 전 어느 목장에서였다. 죽은 나무를 감고 올라가며 핀 주황빛 꽃들은 눈에 확 띄었다. 꽃잎이 다섯 갈래를 이룬 커다란 꽃송이들은 한여름 햇빛 속에 선명하면서도 기품있는 자태를 하고 있었다.

그런 아름다움 때문인지, 예전에는 양반집 뜰에만 심을 수 있었던 꽃이라는 걸 나중에야 알았다. 여염집에서는 함부로 심어 가꾸지 못하게 했기에 양반꽃이라 불리워졌다고도 했다.

그 뒤 꽃에 서린 한 낭자의 전설을 알고 나자, 능히 그렇게 불리워졌음직도 하다는 생각이 들었다. 양반이라는 말 속에는 차라리 자기를 거둘지언정 구차스럽게 목숨을 잇지는 않겠다는 의지도 들어 있을 테니 말이었다.

어느 고을에 어머니를 일찍 여의고 덕망있는 아버지의 손에 자란 낭자가 있었다. 아버지는 딸의 배필로 자기 문하에 있는 젊은 선비를 점찍어 놓았다. 어머니 없이 자랐으면서도 낭자는 누구보다 인물이 곱고 심성 또한 고왔다. 늘 서책을 가까이 했기에 매사에 사려 깊고 가야금 솜씨 또한 뛰어났다.

하루는 남인이었던 아버지가 북인의 세력에 밀려 급기야는 몸을 피해야할 지경에 이르렀다. 젊은 선비와 함께 간신히 집을 빠져 나와 갈림길에 도달했을 때였다.

아버지는 뒷날을 기약하며 선비에게는 다른 길로 가라고 했다. 딸과 선비의 손을 모아 잡고, 너희는 이미 부부의 연을 맺은 것이나 다름없다는 다짐도 두었다.

이리저리 떠돌다가 한 고을에 머물게 된 낭자와 아버지의 고초는 이루 말할 수 없었다. 그때 헤어진 선비의 소식은 영 들을 수가 없고, 그러다 아버지마저 병들어 눕게 됐다.

약 한 첩 쓰지 못한 채 애를 태우던 낭자는 망설임 끝에 전부터 말을 비치던 기생 어미를 찾아갔다. 기방에 머물기로 하고 받은 돈으로 약을 구해 왔으나 아버지는 이내 숨을 거두고 말았다.

눈물을 뿌리며 아버지의 시신을 묻은 뒤 낭자는 두말 않고 기적에 올라 버렸다. 낭자의 아름다움에 이끌려 풍류를 즐기는 한 선비가 이따금씩 찾아왔다. 뭔가 사연이 있음을 눈치채고 연신 캐물어도 낭자는 가야금만 뜯을 뿐이었다.

"그대는 고우면서도 정녕 차가운 여인이구려. 그대에게 능소화凌霄花라는 이름을 지어 주리다. 얼음 릉凌과 하늘 기운 소霄라, 차가운 기운이 서린 꽃이라는 뜻이오."

세월이 흘러 남인이 다시 득세를 하고 과거에 급제한 젊은 선비가 그 고을 수령으로 오게 됐다. 헤어진 낭자를 수소문해 찾던 선비는 어느날 귀에 익은 가야금 소리를 들었다.

두 사람은 더할 나위 없는 반가움으로 두 손을 마주 잡았으나 낭자의 눈에는 슬픔이 고여 있었다. 사실을 안 선비는 모든 걸 잊을 테니 이제나마 부부의 정을 나누자 했다.

하지만 약속한 날 선비가 왔을 때 낭자는 이미 숨이 져가고 있었다. 그동안 자기를 정갈하게 지키지 못했음을 탓하며 노리개에 감추

어 두었던 비상을 먹은 거였다.

낭자의 무덤에선 덩굴진 줄기가 돋아났고, 퍼져가는 그 줄기 끝마다 주황빛 꽃들이 끊임없이 피어났다. 활짝 피었는가 싶으면 이내 져버리고 마는 그 꽃을 사람들은 능소화라 불렀다.

담겨진 사연이 그토록 애절했기에 능소화는 어느 꽃보다 깊이 가슴에 남아 있었다. 하지만 도심에서는 즐겨 가꾸지 않는 꽃이라서인지 좀처럼 눈에 띄지가 않았다.

그러다 이번 여름 태안에 있는 아는 분 댁엘 가게 됐다. 시골집 같지 않게 말끔히 단장된 그 집에 들어서려는 순간, 눈에 확 띄는 주황빛 꽃이 있었다. 대문에 올려진 덩굴에서부터 밑으로 늘어진 덩굴에서까지 탐스럽게 피어난 능소화였다.

내가 반색하며 감탄을 하자, 주인인 노교장 선생님은 어떻게 그 꽃을 알아보느냐고 했다. 전에 본 적이 있다고만 했을 뿐 굳이 사연을 말하고 싶지는 않았다.

밤이 되어 식구들은 모두 잠이 들었는데 자리가 바뀐 탓인지 영 잠이 오질 않았다. 얼마를 뒤척이다 방문을 열고 나가니 뜰엔 달빛이 내리고 있었다. 달빛 속에 다시금 바라보는 능소화의 꽃송이는 그대로 낭자의 자태가 되어 다가왔다.

꿈에도 못 잊던 낭군을 만났으면서도 죽음을 향해 가지 않으면 안 되었던 여인의 차가운 걸음걸이. 눈앞에 다가온 행복 앞에서 그 흔들림 또한 깊었으련만, 기어이는 깨끗이 자기를 꺾어 버리고만 그 혼이 서려 있어 능소화는 저리 고우면서도 기품있어 보이는 걸까.

그 아픔이 가슴에 젖어들어 마냥 섰는데 지나는 바람에 꽃송이 몇 개가 후두둑 떨어졌다. 안타까워서 주워드니, 낭자의 단아한 발걸음으로 여겨지던 그 꽃송이들이 어느새 낭자의 눈물로 비쳐 왔다.

얼음 같은 의지로 자기를 다스림에 핏방울이 되어 치마폭에 떨어져 내렸을 눈물. 나라면 정녕 삶에의 미련을 떨쳐 버리고 그리 할 수 있을까 싶어 그 의지가 차츰 두려워지는 거였다.

모란의 여인들

모란은 목단牧丹이라 표기하고, '모란'이라 부르는 것부터가 특이하다. 밑에서 많은 줄기가 올라와 넓은 수형을 이룬 가지 끝에서 큼지막한 자줏빛 꽃이 피어날 때면, 황금빛 꽃술에서 풍겨나오는 향내가 얼마나 진한지.

부귀화富貴花라는 이름으로도 불리우는 모란은 결코 여염집 아낙으로는 보이지 않는다. 크고 부드러운 꽃잎은 지체 높은 여인들이 입었던 스란치마로 여겨지고, 술이 많은 꽃술은 칠보 장식을 한 삼작 노리개나 황금 비녀를 연상시킨다.

가는 비가 내리는 날 덕수궁에서 모란을 본 적이 있다. 무더기 지어서 핀 그 꽃들은 실비에 젖은 꽃잎을 떨구며 이울고 있었다. 그 모습은 영화로움만을 느끼게 하던 여느 때와는 달리, 열두 폭 비단 치맛자락에 서려 있었을 궁중 여인의 한으로 다가왔다.

선조의 계비였던 인목왕후의 아픔이 서린 궁궐에 핀 모란이라서 더욱 예사로이 보이지 않는지도 몰랐다. 그녀는 열여덟의 어린 나이로 늙은 임금의 왕비가 되어 영창대군을 낳았으나, 그로 인해 훗날 피맺힌 한을 품어야 했다.

가슴과 등과 양 어깨에 보를 붙인 금박 당의를 입고 손끝에 물 한 방울 묻히지 않고 지냈다고는 하나, 소색 무명 치마 입고 짚신짝 끌며 사는 촌가의 아낙만도 못한 세월을 이어간 왕가의 여인이 어디 그녀뿐일까.

단종의 비인 정순왕후는 열다섯에 왕비로 책봉되어 단종이 영월에 유배되었다가 사사되자, 동대문 밖에 초막을 짓고 자줏물 들이는 염색업으로 남은 생을 이어갔다. 그 빛이 모란의 꽃빛깔과 같아서인지 모란을 볼 때면 그녀의 사무친 한이 절절이 배어있는 듯하다.

궁중 여인들의 삶이 화려함 속에서도 그렇듯 한 자락 깊은 한을 깔고 있었음에도, 그녀들이 아니고서는 감히 누려볼 수 없는 부귀에 대한 동경은 여전히 크기만 했던 모양이다.

원래 궁녀였다가 숙종의 총애를 받아 아들을 낳고 희빈이 된 장씨는 왕비가 되고자 하는 욕망을 버리지 못해 사악한 일도 불사하다가 결국은 파멸의 길을 가고 말았다.

따로 마련된 처소에 모란이 수놓아진 병풍을 펴놓고 지내며, 후원을 잠깐 거닐어도 상궁 나인이 줄줄이 따라나서는 그 영화는 변변한 이름조차 없었던 당시 아낙네들에게 있어서는 꿈에서나 이루어질 아득한 꿈이었으리라.

그에 대한 집착은 왕인 남편이 죽고 대비가 되어 뒷전으로 물러나서도 결코 끊을 수 없었음인지, 몇몇 왕실의 여인들에게서 그 면모가 여실히 드러난다.

수양대군의 맏아들로 태어나 아버지가 왕위에 오름으로써 세자가 되었으나, 자신은 왕위에 오르지 못하고 요절하여 훗날 추존된 덕종의 비인 소혜왕후.

세자빈이 되어 왕비의 자리를 눈앞에 두고 있었던 그녀는 남편의 뜻하지 않은 죽음으로 하여, 어린 자식들을 데리고 눈물을 뿌리며 사저로 나와야 했다.

그러나 시동생인 예종이 시아버지의 뒤를 이어 즉위했다가 일 년 만에 숙자, 시어머니인 성희왕후의 마음을 움직여 둘째아들을 왕위에 올려 놓았다. 왕비는 못 되었으나, 대비는 어떻게든 되어볼 작정이라던 바람이 이루어진 거였다.

꽃다운 얼굴의 왕비가 아닌 대비로라도 남아, 귀한 여인으로서의 지위를 놓치지 않으려 했던 예는 수렴첨정을 하며 정사에 깊이 관여했던 정순왕후와 신정왕후에게서도 여실히 드러난다.

대비전인 경복궁의 자경전에 가면 우리 나라에서 가장 아름답다는 꽃담이 있다. 전각을 둘러싼 그 담을 대하노라면 무늬들의 화려함과는 달리 쓸쓸함이 밀려오곤 한다.

 붉은 전돌로 구분을 하고 부조로 따로 전을 구워 모양을 낸 서쪽 담의 무늬들을 살펴보면, 국화와 나비와 대나무와 모란과 석류로 되어 있다. 그 중에서도 나비가 날아드는 가운데 활짝 핀 모란이 두드러져 보이는 건 궁중의 여인을 대표하고 있어서일 게다.

 하지만 아무리 권세를 누리는 대궐 여인의 으뜸이라 해도 지아비가 없는 여인의 거처이고 보면, 꽃담의 모란 무늬 또한 빈방에 드리운 허전함을 메우려는 표현일지 모른다는 생각이 들어 안쓰럽다.

 얼마 전, 스물한 살에 혼자 되어 태어난 지 여덟 달 된 아들 하나를 키우며 살아오신 시어머님의 방에 소원하시던 자개 장롱과 문갑을 새로 마련해 드렸다.

 장롱을 들여놓기 전에 도배부터 먼저 했는데, 자기 남편과 함께 도배일을 한 아주머니가 마침 장롱 들여오는 걸 보게 됐다. 아주머니는 십장생 무늬가 자개로 박힌 장롱을 부러운 듯이 바라보더니만 혼잣말처럼 한 마디 했다.

 "장롱이 저리 좋으면 뭐하요. 곁에 있어야 할 서방이 없는 걸."

 시어머님의 가슴을 정곡으로 찌르는 말이라 내가 오히려 뜨끔했는데, 어머님께서는 의외로 여유있게 웃으시며 "그래도 수절하고 살아온 덕에, 늦게나마 이런 호사를 하는 게 아니겠오" 하셨다.

 그 모습을 보며 어머님이 참 귀한 여인네라는 생각을 했다. 지체 높은 왕비나 대비가 따로 없는 세상이니, 어머님이야말로 내면적으로 지체가 높은—정녕 모란에 비유해도 좋은 여인이 아닐까.

그러기 위해 아버님이 안 계신 사십여 년 세월을 얼마나 쓰린 눈물로 이어 오셨을지. 어머님 방에 놓인 자개 장롱이 경복궁 자경전의 꽃담처럼, 홀로 된 여인의 시름을 대신하는 한숨꽃으로 받아들여지는 건 그래서일 게다.

황매화의 재(齋)

사월이 끝나갈 무렵 찾은 창덕궁엔 피어있는 꽃이 별로 없었다. 정문인 돈화문을 거쳐 명당수를 가로지르는 금천교를 지나, 순종이 타고 다니던 마차와 자동차가 세워져 있는 어차고 근처에 이르러서야 능수벚나무 한 그루를 만났을 뿐이었다. 그것도 꽃잎이 바람에 거의 다 날아 가버리고 없었.

궁 뒤쪽에 자리잡은 정원으로 향하는 길목의 꺾인 담 밑에서 선조 때 심어졌다는 홍매화를 만났으나, 그 또한 이미 꽃이 진 뒤였다. 명나라에서 보내온 것으로 수령이 사백 년이 넘었다니 어지간한 궁의 역사는 다 알고 있을 법한 꽃나무인데, 그 꽃을 보지 못한 게 못내 아쉬웠다.

창덕궁은 태조가 조선을 건국한 뒤 정종이 개성으로 환도했다가 태종이 다시 도읍을 한양으로 옮기면서 지어진 궁이라, 정궁(正宮)이 아닌 이궁異宮의 성격을 띠고 있다.

궁의 여러 전각보다는 태종 때부터 조성되기 시작한 정원의 아름다움이 빼어나 그 정취를 맛보려는 이들이 워낙 많은 탓에, 보존을 위해 공개하지 않은 지도 꽤 됐다.

그것이 얼마 전에 풀리기는 했지만 안내자가 이끄는 대로만 다닐 수 있었다. 그 날의 관람은 전각을 둘러보는 쪽보다는, 궁의 내의원 동쪽 담장을 끼고 북쪽을 바라보면서 난 왼쪽 문으로 들어가면서부터 펼쳐지는 후원 관람이 주였다.

부용지를 중심으로 그 못에 두 다리를 담그고 서 있는 정자인 부용정과 주합루와 영화당을 돌아보고, 애련지와 애련정을 지나 다시 승재정과 존덕정을 거쳤다.

후원의 그 많은 정자들이 제 모습을 갖추게 된 것은 인조 때부터였다는데, 정의정 앞쪽 암반에 샘을 파고 물길을 돌려 폭포를 만든 곳에 옥류천이라고 새겨져 있다.

궁 안에 이렇게 깊은 정원을 꾸며 놓았으니, 이곳에 머문 비빈들은 굳이 궁 밖에 나가지 않아도 사계절의 정취를 다 느낄 수 있었겠구나 하는 생각이 들자 내심 부럽기까지 했다. 그 마음을 안고, 순조 때 왕세자였던 익종의 청으로 아흔아홉 칸인 사대부집을 모방해 지었다는 연경당을 돌아봤다.

그리고서 궁의 옆문인 금호문을 향해 담을 끼고 걸어 나올 무렵이었다. 그 길가에서 사월 끝자락의 햇빛을 안고 피어있는 황매화를 만나게 될 줄이야. 아니, 후원으로 향하는 문을 들어서기 전 낙선재 입구에서 벌써 그 꽃나무와 마주쳤었다.

그 재齋에 발을 들여놓는 여인들의 심정을 다섯 장 노란 꽃잎에 담아내기라도 하듯, 가지가 휘도록 피어있는 황매화 한 그루가 마음을 줄곧 뒤로 끌어당긴 것도 사실이었다.

창덕궁에서 들어가게 되어있지만, '궁궐지'에 창경궁에 속한다고 되어있는 낙선재는 슬픔을 안은 궁의 여인들이 기거하던 간 곳이다. 헌종 때 지어졌다는—궁의 화려함보다는 여염집의 조촐함이 더 배어있는—그 집은 원래 총애한 여인을 위한 곳이었다고 한다.

임금이 되고서야 혼례를 올린 그분은 왕비로 뽑힌 여인보다는 간택에서 떨어진 한 여인이 더 마음에 들었다. 그래서 창덕궁에 있는 왕비전에서 떨어진 창경궁에, 그러면서도 쉽게 다닐 수 있는 곳에 처소를 마련해 머물게 했다.

그 후에는 국상을 당한 왕비와 후궁들을 기거하게 했다는데, 그 바깥 쪽 뜰에 관을 발인할 때까지 두었던 빈전殯殿으로 보이는 사각정이 남아있다.

몇 년 전 조경하는 사람들과 낙선재를 둘러볼 기회가 있었다. 석복헌과 수강재와 취운정을 대하는 동안, 순종이 승하하자 그곳에서 여생을 보낸 윤비와 영친왕이 타계한 후 역시 그곳에 머물다 떠난 이방자 여사의 슬픔이 전해져 오는 듯했다.

　일본에 끌려갔다 돌아온 덕혜옹주도 끝내는 거기서 세상을 등졌으니, 낙선재야말로 힘을 잃은 왕실 여인들의 비운한 삶을 고스란히 담고 있는 장소일 게다.

　왕이 승하한 후, 혼자 남겨진 왕의 여인으로 남은 세월을 살아가야할 운명을 안고 들어서는 낙선재의 문 앞에서 그녀들이 흘렸을 눈물이 황매화로 피어난 것은 아닐지.

　우연의 일치인지 그 꽃에 담겨 있는 전설 또한 애달프다. 한 임금이 주위를 물리치고 사냥을 나갔다가 비를 만났는데 마침 산기슭에 허름한 집이 있어 찾아갔다. 문을 두드리자 한 여인이 나오기에 비를 가릴 만한 것이 있으면 좀 얻자고 했다.

　여인은 아무 말없이 마당에 핀 황매화 한 가지를 꺾어 주고는 돌아섰다. 수절하는 여인네의 빈한한 살림이라, 비를 가릴 수 있게 드릴 만한 것이 없어 안타깝다는 뜻이었다.

　그건 어쩌면 건넬 수 있는 마음을 지니고 있지 못하다는 뜻도 될 테니, 지아비인 왕을 잃은 왕실 여인들의 심경을 대신한다 여겨도 되지 않을까.

　봄의 끝자락에 찾아간 궁에서 꽃처럼 화사한 여인들의 자태대신 홀로 남겨진 비빈들의 처연함을 느끼고 돌아오자니, 내 봄의 뜨락에까지 황매화가 피어난 기분이었다.

산철쭉 비탈

그날은 전혀 뜻하지 않은 것에서 스러져 가는 어머니의 모습을 봤다. 그걸 통해 그때까지 받아들이지 못하고 있던 아픔을 어느 만큼 받아들일 수 있었다.

뒤척이다 늦게야 잠이 들었는데도 일찍 눈이 떠졌기에 주일 첫 미사에 가기로 마음먹었다. 찬물로 세수를 하고 성당을 향하노라니 그동안의 방황이 얼마나 깊었는지 새삼 느껴져 왔다.

몇 달 동안 미사마저도 빠지다가 신부님을 찾아간 것이 엊그제. 힘겨운 심정을 털어놓자, 생명을 내고 거두는 것은 하느님이시니 맡기고 기다리는 수밖에 별도리가 없지 않겠느냐고 했다.

미사 시간이 일러서인지 사람이 뜸한 성당문을 들어서다가 마주 보이는 성모상에 먼저 눈이 갔다. 그 순간 눈물이 핑 돌며 저절로 어머니의 얼굴이 떠올려졌다. 어느새 어머니가 뇌출혈로 쓰러졌던 그

겨울날로 돌아가 있었다.

밤늦게 연락을 받고 새벽 첫차로 인천에 있는 병원에 달려가 보니, 어머니는 의식없이 오른쪽 팔다리가 마비된 상태였다. 아버지와 여동생과 나처럼 허겁지겁 달려온 남동생 부부가 그 때부터 일주일을 번갈아가며 중환자 대기실에서 지냈다.

사흘째 되던 날부터 어머니는 겨우 우리를 알아보며 눈물을 글썽일 만큼 의식이 돌아왔다. 그래서 조금은 안심을 하고 밀린 일들을 처리하러 집으로 올라왔다.

한데 돌아온 다음날 새벽 꿈을 꾸었다. 한복을 입은 어머니가 어디론가 떠나신다고 하기에 내가 앞장을 섰는데, 누가 어머니의 등 뒤에서 총을 겨누는 거였다. 얼굴이 없는 그 사람은 방아쇠를 당기려 하자 나는 안 돼 하며 비명을 질렀다.

그 바람에 깨서는 대체 무슨 예시일까 하고 있는데, 전화벨이 요란하게 울려서 받아보니 올케였다. 어머니가 방금 전에 심장마비를 일으켰다가 겨우 숨만 돌려 놓은 상태라며, 빨리 내려 오라는 것이었다. 꿈대로구나 싶었다.

그날따라 밤부터 눈이 내리고 있어서 몇 시간만에야 도착을 하니 면회도 안 된다고 했다. 무슨 이유로 갑자기 심장마비가 일어났는지. 사망 진단이 났던 일분 사이에 뇌는 완전히 기능을 잃고 인공 호흡기로 숨만 유지시킨 상태였다.

면회 시간이 되어 병실로 들어 갔을 때 먼저 눈에 들어온 것은 가제로 덮어놓은 어머니의 두 눈. 가제를 들추고 이미 풀릴 대로 다 풀려서 빛이 아예 없어져버린 눈동자를 보다가 침대 밑에 주저앉아 울음을 터뜨리고 말았다.

　그 뒤로 인공 호흡기를 낀 채로 열흘, 숨을 되찾아 인공호흡기를 빼고 병원에서만 한 달, 의사의 권유로 집에 모셔와 벌써 넉 달째. 결국 의식은 돌아오지 않은 채 물만 간신히 받아 넘기며 어머니는 식물처럼 살고 있는 거였다.

　욕창이 생겨 살이 썩어 들어가고, 그것을 잘라내는데도 눈만 떴다 감았다 할 뿐 신음 소리조차 내지 않았다. 뼈만 남도록 몸이 말라 들어가고 팔다리가 뒤틀리는데도 숨만은 붙어있는 모습을 지켜보며, 슬픔은 차츰 그 누군가를 향한 분노로 바뀌어 갔다.

　토요일 오후가 되어 그런 어머니를 뵈러 꽃을 한다발 사가지고 내려갔다 올 때면, 목에서 피가 올라오는 기분이었다. 돌아가시지조차 못하고, 이제는 지칠 대로 지친 식구들로부터도 버림을 받아가고 있는 어머니의 모습을 받아들일 수가 없어서였다.

　그 때문에 시작된 하느님에 대한 반항이 극에 달했다가 제 풀에 꺾인 것이 오월 들면서부터. 영세 신부님께는 그래서 갔고 참으로 오랜만에 그날 아침 미사를 본 거였다.

　그리고는 마음이 좀 가라앉아서 오후에 남편이 약수터에 다녀오

자고 했을 때는 선뜻 따라나섰다. 한데 그곳에서 생각지 않았던 꽃을 만나고 그로 하여 더욱더 마음이 가라앉게 될 줄이야.

늘 가던 약수터는 언덕을 하나 넘어가야 했는데, 그 언덕을 넘다 보니 비탈진 곳 여기저기에 산철쭉이 무더기로 피어 있었다. 언젠가 산사에서 보았을 때도 보통 철쭉보다 큰 다섯 장의 꽃잎이 영적인 빛깔을 느끼게 하더니만, 그날도 그랬다.

삶을 나타내는 분홍빛과 죽음을 나타내는 흰빛이 한데 어우러지다가, 죽음의 흰빛이 차츰 많아지고 삶의 분홍빛은 조금만 남아있는 상태라고나 할까. 마치 삶의 언덕에서 죽음의 언덕으로 내려가는 비탈에 잠시 머물러 있는, 마지막 생명의 빛깔 같았다.

하나 삶보다 죽음의 기운이 더 많이 깃든 듯한 그 꽃의 빛깔은 부드러웠다. 다해가는 생명의 기운이 못다 누린 것들을 향해 품는 아쉬움이 아니라, 이제는 죽음을 받아들이며 서서히 자기를 거두어가고 있는 데서 오는 온유함처럼 보였다.

어머니야말로 지금 죽음으로 넘어가는 비탈에서 모든 걸 받아 들이며, 울부짖음으로 바라보는 나와는 상관없이 아주 평화롭게 저 산철쭉의 빛깔로 누워계신 건 아닐까.

물을 받아가지고 올라오며 떨어진 꽃 한송이를 주워 들었다. 그러자 엷은 분홍빛 꽃잎 안에서, 마지막 삶의 비탈을 미소 지으며 내려가고 계신 어머니의 가는 숨결이 느껴지는 거였다.

나리꽃 임종

아직도 믿을 수가 없다. 그날 내가 사간 노란 나리꽃 한다발이 어머니의 임종을 지키는 마지막 꽃이 되고 말았다는 사실을.

어머니가 뇌출혈로 쓰러졌던 겨울날 이후 여섯 달 동안, 토요일 오후마다 여동생과 만나 인천행 전철을 타곤 했다. 둘 다 직장일이 끝나자마자 뛰어 나오는 길이었다.

말도 별로 없이 제물포까지 가서는 늦은 점심을 먹고 항상 꽃집에 들렀다. 안개꽃을 사기도 하고 장미와 카네이션을 사기도 했지만, 이미 뇌사가 되어 버린 어머니는 그 꽃을 보지 못했다. 아니, 우리가 그토록 슬프게 달려가는 것조차도 모르셨다.

돌이켜 보면 그날은 분명 뭔가 달랐다. 여느 때처럼 점심을 먹고 동생이 슈퍼로 간 사이에 나 혼자 꽃집엘 갔다. 문을 여는 순간 한다발밖에 안 남은 노란 나리꽃이 눈에 들어왔다. 느낌이 싫으면서도 왠지 그걸 사야할 것만 같았다.

　한데 내가 들고 나온 그 꽃을 본 동생의 눈이 의외로 커졌다. 왜 하필이면 그 꽃을 샀느냐며 꿈 이야기를 꺼냈다. 나와 아버지와 자기가 어머니를 만나러 산길을 오르고 있는데, 내가 어디론가 사라지더니만 노란 나리꽃을 한다발 안고 오더라고 했다. 그 모습이 오늘 언니의 모습과 너무 흡사하다는 거였다.

　게다가 오빠 부부가 그동안 쭉 어머니 곁에 있다가 자기 집에 다니러 갔으니, 꿈과 더욱 비슷하지 않느냐고 덧붙였다. 말을 하는 동생도 나도 잠시 긴장을 하기는 했으나, 그런 예감을 가진 것도 벌써 여러 번이었다.

　몸은 뼈마디가 드러날 정도로 마르고 등어리 부분에 생긴 욕창은 번질 대로 번겼는데도, 아무런 아픔도 느끼지 못한 채 가끔 눈만 껌뻑거리며 가늘게 숨을 쉬고 있는 상태.

　밤이면 항상 오늘을 넘길 수 있을까 싶은데, 새벽이면 또 끊어질 듯했던 숨이 이어지며 눈을 뜨곤 한다는 게 온종일 어머니를 지켜보며 지내는 아버지 말씀이었다. 저녁을 먹고 밤이 깊어지자 술을 한 잔씩 했다. 그리고나서 아버지는 먼저 잠자리에 드셨다.

　여동생과 나는 좀더 이야길 나누다가 어머니가 계신 방으로 들어갔다. 내려가면 늘 어머니 곁에서 자곤 했는데, 어머닐 붙들고 울다 잠들다 하다보면 새벽이었다.

    한데 그 날은 영 잠이 오질 않았다. 동생이 마당에 나가 바람이라도 쏘이자고 하기에, 일어나면서 흘낏 어머니의 얼굴을 보는 순간 가슴이 철렁했다.

    숨이 가늘기는 마찬가지였으나 입술이 유난히 하얘지고 있었다. 그대로 어머니 곁에 펄썩 주저앉아 다급하게 아버지를 부르며 잦아들어가는 마지막 숨을 지켜봤다.

    아버지도 주무시지 못하고 있다가 황급히 나와 방문을 열어 보시더니만 올 게 왔구나 하셨다. 함께 모시고 살던 외할머니의 말에 따라, 준비해 두었던 흰 옷을 가져다가 어머니에게 입히면서도 울음은 나오지 않았다.

    아버지께서 여기저기 연락을 하는 동안 어머니는 머리맡에 꽂아 드렸던 노란 나리꽃, 어느 결엔가 활짝 피어나 있는 그 꽃 밑에서 깊은 잠이라도 든 듯이 누워 계셨다. 시간이 갈수록 달라지는 건 한여름인데도 얼음처럼 차가워져가는 이마의 감촉이었다.

　아침이 오고 사람들이 모여 들기 시작하고, 장의사에서 온 사람이 어머니의 입과 코와 귀를 솜으로 막은 뒤 뒤틀린 손과 발을 한지로 묶을 때. 그 때부터 울음이 터져 나오기 시작했다.

　칠성판 위에 눕혀진 어머니 몸 위에 흰 홑이불이 덮혀지고, 어머니와 우리 사이에 병풍이 쳐지는 순간. 그건 어머니와 우리 사이의 길이 갈려져 나가는 날카로운 아픔의 순간이었다.

　정신없이 달려온 남동생이 어머니의 얼굴을 부비며 소리내어 울고 그렇게 하루가 저물어 갈 무렵. 어머니는 피가 배어난 이승의 마지막 옷을 벗어버리고 삼베로 된 저승의 옷으로 갈아 입으셨다.

　옷이 다 입혀지고 손과 발이 싸여지고 얼굴만 남게 되었을때, 염습을 하는 사람은 이젠 두 번 다시 볼 수 없는 얼굴이니 잘 보아 두라고 했다. 그 말에 우린 모두 쏟아지는 눈물을 손등으로 훔치며 어머니에게 매달렸다.

　그리고 나서 얼굴까지 싸여진 어머니는 나무 관 속에 눕혀졌다. 그런 어머니가 다음 날 아침 영 집을 떠나실 때 우리 스스로가 어머니가 되어 정든 길을 울며 떠났는지도 몰랐다. 차창 밖에서는 어머니의 마지막 눈물 같은 비가 내리고 있었다.

　독립 기념관 근처 풍산 공원이라는 곳에 있는 묘지가 어머니의 새

집이었다. 어머니의 시신은 나무 관에서 무덤 속에 이미 만들어져 있는 석관 안으로 옮겨졌다. 그 위에 다시 돌판을 덮은 후 식구들이 돌아가며 삽으로 흙을 떠 넣었다.

　사진으로만 남은 어머니를 안고 집으로 돌아오니, 어머니가 누워 계시던 방에선 노란 나리꽃이 하나 둘씩 꽃잎을 떨구고 있었다. 이우는 그 꽃잎들은 분명 어머니의 임종을 말하고 있는데도 도무지 믿어지지가 않았다.

꽃잎 이불

　돌아가신 어머니가 꽃잎으로 이불을 만들고 있는 꿈을 꾸었다. 늦가을 들판에 앉아서 솜 대신 말린 꽃잎을 두어가며 정성스레 꿰매고 계셨다. 누구 이불을 만드는 거냐고 여쭈었더니, 여전히 일감에서 눈을 떼지 않은 채 네 아버지 드릴 거다라고 했다.

　한데 처음에는 분명하게 들리던 목소리가 점차 메아리처럼 울리며 퍼져 나갔다. 그제서야 어머니는 이미 이승에 계신 분이 아니지 하며 슬픔을 느끼다가 깼다.

　깨고 나니 갑자기 아버지에게 무슨 일이 생기려는 게 아닐까 싶었다. 꿈에서나마 어머니를 뵌 건 더할 나위 없이 좋았지만, 돌아가신 분이 아버지의 이불을 만들고 있었다는 게 마음에 걸렸다.

　며칠 동안 혼자 새기다가, 예전부터 어머니와 가까이 지내온 사촌 이모님께 전화를 드렸다. 어머니의 성격을 누구보다 잘 알던 이모님은 한결 마음이 놓이는 답을 들려 주었다.

아버지가 지금 덮으시는 이불이 네 어머니 마음에 안 드는 모양이니 살펴서 깨끗한 것으로 바꾸어 드리렴. 돌아가셨다고 한들 어떻게 어머니가 아버지 걱정을 안 할 수가 있겠니 하고.

그리고 나자 아버지께 안 좋은 일이라도 생기려나 했던 걱정 대신, 아버지를 두고 먼저 떠나야만 했던 어머니의 아픔이 그렇게 전해진 게 아닌가 싶어 가슴이 저려 왔다.

어머니가 아버지를 위해 만들고 있던 이불은 어쩌면, 내가 삼우제 날 어머니의 무덤 위에 덮어 드렸던 말로는 표현할 수 없는 아픔이 배인 그 꽃잎 이불의 의미와 같지 않을까.

어머니의 장례식 기간 동안은 막상 어머니의 죽음을 실감할 수가 없었다. 갑자기 달라진 집안 분위기가 우울한 축제의 일부분처럼 느껴질 정도였다.

늘 조용하기만 하던 우리집에 그토록 많은 사람이 모여든 적도 없었고, 어머니가 병상에 있었던 몇 달은 집안이 어둠 속처럼 가라앉아 있었기에 더욱 그랬다.

장례식이 끝나고 친척들이 다 돌아가고 우리 식구만 남았을 때, 그제서야 비로소 집 안에 감도는 휑한 기운 속에서 이제는 어머니가 안 계시다는 걸 실감할 수 있었다.

삼우제 전 날은 아버지께 말씀을 드려 어머니의 옷가지들을 정리하기로 했다. 이르긴 했으나 어차피 해야할 일이었고, 맏딸인 나밖에는 그 일을 할 사람이 없어서였다.

아버지가 간직하겠다는 옷들은 그대로 옷장에 남겨놓고, 나머지 것들은 차곡차곡 자루에 담아서 내다 놓았다. 어머니의 흔적을 지우기 위해서라기보다 오히려 어머니의 죽음을 받아들이기 위한 일로 여겨졌다.

하지만, 화장대 서랍 안에 놓인 가계부와 안경은 또다시 집 어디엔가 어머니가 그대로 계실 듯한 착각을 불러 일으켰다. 가계부 안에 끼워진 연필에서는 어머니의 온기가 그대로 남아 전해지는 것만 같았다.

긴 하루가 가고 삼우제 날 새벽이 되자 비가 쏟아지기 시작했다. 휘몰아치는 비바람은 우리를 몹시 불안하게 했으나 그래도 산소에 다녀와야 한다는 결정을 내렸다.

나는 여동생을 데리고 꽃집부터 갔다. 흰 국화와 노란 국화를 한 아름 사 안으며 이것밖에는 어머니께 가져다 드릴 게 없구나 싶어 눈물이 나왔다. 다행스럽게도 빗줄기는 차츰 가늘어졌다.

무덤은 아직 떼를 입히지 않아서 젖은 흙무더기일 뿐이었고, 비석과 상석도 안 된 상태라 초라하기 그지없었다. 제사를 올리고 나서 자리를 거두기 시작할 무렵, 남동생이 흙무더기에 엎드려 울음을 터뜨렸다. 말리던 나와 여동생도 아버지도 마찬가지였다.

가슴에 맺혀 터져나오는 그 핏빛 울음 소리를 듣고, 무덤 안에 누워 계신 어머니가 깊은 잠에서 깨어나 우리 곁으로 돌아와 주시면 싶었다. 아니, 정녕 그리 하실 것만 같았다.

얼마를 그렇게 울다가 눈물이 차츰 거두어지자 문득 눈에 들어오는 게 있었다. 그건 장례식 날 어머니의 무덤 옆에 놓아두고 갔던 꽃다발들. 밤새 비에 젖으며 어머니의 무덤을 우리 대신 지켜준 꽃다발들이었다.

망설임없이 그것을 안아다가는 꽃송이를 하나씩 따서 꽃잎을 무덤 위에 뿌리기 시작했다. 아버지와 여동생도 따라서 꽃잎을 흩어서 뿌렸다. 그날 아침에 사간 꽃까지 다 따서 뿌리고 났을 때 어머니의 무덤은 꽃잎으로 덮여 있었다.

생전에는 어머니가 이 방 저 방 다니며 손수 만든 이불을 도닥여 덮어주곤 하셨건만, 이제는 우리가 눈물로 만들어 드린 그 꽃잎 이불을 당신이 덮고 그렇게 누워계신 거였다.

그건 사랑하는 이들을 두고 떠난 이가 아니면 덮을 수 없는 이불이었고, 슬픔 속에서도 먼저 떠난 이의 안식을 비는 남은 이의 마음이 깃들지 않고서는 결코 만들어질 수 없는 이불이었다.

결국 우린 가장 슬프고도 아름다운 그 이불의 의미를 어머니의 죽음을 통해 알게 된 거였다. 꽃잎은 머지않아 말라버리고 또 바람에 날려 가기도 하겠지만, 꽃잎에 배인 마음만은 오래도록 어머니를 지켜드릴 것 같았다.

　그와 반대로 마른 꽃잎으로 아버지의 이불을 만들고 있던 꿈 속 어머니 모습은 아버지를 두고 갈 수밖에 없었던, 말로는 다할 수 없는 안타까운 애정의 손길이었으리라는 생각이 들었다.

　홀로 남은 아버지의 안식을 누구보다 간절히 원하면서도, 이미 저승 마을 사람인 어머닌 따스한 손길로 아버지의 이불 자락을 매만져 드릴 수가 없을 테니 말이었다.

배꽃 자리

얼마 전 친정집에 갔다가 하얗게 꽃이 핀 배나무 가지를 꺾어 가지고 돌아 왔다. 꽃잎이 떨어질세라 조심스레 안고 오는 동안 마치 어머니처럼 느껴졌다.

그 배나무는 십오 년 전 우리가 그 집으로 이사를 갔을 때 어머니가 친구네서 묘목을 얻어다가 심은 거였다. 다 지어지지 않은 것을 사서 직접 마무리를 한데다가, 처음 살게 된 양옥이라서 그 집에 대한 애착은 유난히 컸다.

그런 집에 그것도 돌로 예쁘게 꾸민 화단에 제일 먼저 심어진 것이 그 배나무였으니, 그 집에서 지낸 날들을 우리와 함께 한 존재로 사랑받는 건 당연했다.

어머니에겐 더 그랬는지 가느다란 가지에서 꽃이 피어나면 애정이 깃든 눈으로 바라보곤 하셨다. 그런 어머니를 보며 배꽃을 닮은 여인이라고 하면 빙그레 웃기만 하셨다.

어느 봄엔가, 어머니는 하얀 빛깔의 한복을 해 입은 적이 있었는데 그 모습이 꼭 배꽃처럼 보였다. 화사하면서도 슬픈 빛이 감도는 분위기가 그 꽃과 닮은 듯했다. 그래서 어머니날 행사 때는 꼭 그 한복을 입고 오시길 원했고, 그 앞에서 난 자랑스럽게 어머니께 바치는 시를 낭송했다.

그런 기억들로 하여 하얀 꽃을 피우는 그 배나무와 어머니는 점차 하나가 되어갔고, 작은 배가 열리기 시작했을 때의 기쁨은 그래서 더욱 컸다. 오십을 바라보는 당신 삶의 열매라도 되는 양 소중해 하시는 거였다.

그러다 나와 남동생이 결혼을 해서 외손자와 친손녀가 생기자, 햇수가 간 만큼 늘어난 배들은 또 다른 의미에서 귀한 존재가 되었다. 도심에서 크는 아이들로 하여금 열매를 직접 따보게 하겠다며 일부러 기다리시곤 해서였다.

아이들이 배의 꼭지를 딸 수 있도록 안아서 들어 올려 주며, 어머닌 봄부터 정성들여 가꾼 그 한 그루의 배나무에서 과수원 주인 이상의 뿌듯함을 맛보시는 듯했다.

하지만 어머니가 지난 해 여름 세상을 떠나버리고 난 뒤 그 배나무는 우리 식구 누구의 손길 속에도 있지 않았다. 그나마 지난 해 꽃이 피었을 무렵엔 어머니가 병상에 계실 때라, 가지를 꺾어다 머리

밑에 꽂아 드리며 그 꽃의 힘이라도 빌어 회복이 되시길 간절히 빌었건만.

게다가 이제 가을이면 아파트로 집을 옮길 예정이어서 그 배꽃을 보는 것도 마지막인 셈이었다. 아버지도 그 꽃에서 어머니를 느끼고 계셨는지, 가지를 꺾어 달라는 내 마음을 헤아려 주셨다.

아무 말없이 꺾어주신 꽃가지를 받아 안고 돌아오자니, 마지막으로 남았던 어머니의 모습을 거두어 가지고 오기라도 하는 양 솟아나는 눈물을 참기가 어려웠다.

안타까움을 달래며 눈물을 닦아내다가, 갑자기 친정집에 있는 그 배나무의 꽃이 진 자리에선 올해도 전처럼 배가 열릴까 하는 바보스러운 생각이 들었다.

배나무를 처음 심고서는 환하게 피었던 배꽃이 바람에 날려 떨어지는 걸 바라보며 아쉬워했다. 그러다 얼마 후 작은 배가 달려 있는 걸 보고서야, 그것이 끝이 아니었구나 하며 흐뭇해했다.

한데 막상 어머니가 떠나시고 나니 당연하게 여기고 있던 자연의 이치마저 믿겨지지가 않아서인지, 아니면 주인을 잃은 배나무의 지조 같은 걸 그리고 있어서인지 전처럼 배가 열리지 않을 것 같았다.

그건 어쩌면 배꽃이 진 자리에서 배가 열리리라는 걸 믿지 못하는 게 아니라, 어머니의 삶의 배꽃이 진 자리에선 진실로 무슨 열매가 맺혀질까 하는 데 생각이 이른 때문인지 몰랐다.

흔히들 말하듯, 어머니가 키워내신 우리 삼남매만이 어머니의 삶이 진 자리에 맺힌 열매라고 단정지어 말할 수 있을까. 그 외에 남기신 보람들은 정녕 없었을까.
　아무리 헤아려 본다고 한들 아직은 삶의 울타리 안에 있는 내가, 이미 그 울타리를 넘어가 버린 어머니에 대해 무언가를 말할 수는 없을 테니. 어머니의 삶의 배꽃이 진 자리에서 어떤 의미의 배가 맺혔는지는 정녕 어머니만이 아실 일이다.

앵두꽃 손짓

핏방울 같은 아픔으로만 가슴에 맺혀있던 어머니가 온화하면서도 생기가 넘치는 모습으로 꿈에 오셨다. 말 한 마디 남기지 못하고 눈을 감으셨던 모습과는 아주 달랐다.

여느 때처럼 곱게 한복을 입은 어머니를 따라 남동생과 여동생과 내가 길을 걷고 있었다. 얼미를 가다 보니 성당이 있는데, 뜨락엔 꽃이 핀 앵두나무가 한 그루 서 있었다.

어머니는 그 나무 가까이로 다가가며 우리를 손짓해 불렀다. 그리고는 애정이 담뿍 깃든 눈으로 그 꽃가지들을 바라봤다. 그 가지들에는 희한하게도 잔털이 난 이파리와 연분홍빛 꽃송이와 빨간 열매가 함께 달려 있었다.

"이걸 좀 보렴. 사랑의 손길이 느껴지지 않니. 사랑이 없다면 어떻게 이파리가 나고 꽃이 피고 열매가 맺어지겠니."

작은 앵두꽃을 손가락으로 가리키며 생기있는 표정으로 말하는, 꿈 속이라고는 믿어지지 않을 만큼 선명하게 들리는 어머니의 목소리는 가슴을 환하게 했다.

깨고 나니 늘 산란하기만 했던 보통 때 어머니의 꿈과는 너무 달라서 오히려 이상했다. 몇 달 전 비참한 모습으로 돌아가신 뒤로는 한시도 편안한 느낌으로 다가온 적이 없었는데.

가실 무렵의 어머니는 빛이 없이 왔다 갔다 하는 눈동자와 힘없이 깜빡거리는 눈꺼풀뿐, 살아 있다고 느끼게 하는 건 아무 것도 없는 말로만 듣던 식물인간이었다.

어머니를 잃어야하는 슬픔은 미처 느낄 겨를도 없이 저런 모습이 되도록 왜 그냥 내버려 두는 겁니까 하는, 딱히 누구를 향한 것인지도 모를 분노만이 하루하루 쌓여 갔다.

그것이 극에 달했다가 체념으로 바뀌어 가고 있을 무렵, 끝내 눈빛 한 번 되찾지 못한 어머닌 백납 같은 얼굴로 숨을 거두셨다. 어머니를 묻고 돌아와선 또 허무감과 싸워야 했고, 그건 꿈 속에서도 마찬가지였다.

한데 어머니가 스러진 지도 벌써 일 년이 되어가는구나 하고 헤아리며 잠이 들었던 밤에 그리도 온화한 모습으로 나타나시다니. 꿈 속에서의 만남을 되새기다 보니 떠오르는 기억이 있었다.

내가 초등학교 일학년 때였나. 연대장으로 근무했던 아버지를 따라 창원에 있는 시골집에 일 년 가량 산 적이 있는데, 그 집 마당에 앵두나무가 한 그루 서 있었다.

 봄이 되어 연분홍빛 꽃들이 피어나면 섬세한 감정을 지녔던 어머니의 눈길은 내내 그 꽃가지에 머물렀다. 잔털이 많은 이파리들 사이에서 빨갛게 익은 앵두알을 보면서는 연신 감탄을 하며 식구들을 부르시곤 했다.

 돌아보면 그 무렵이 어머니에게 있어서는 가장 안정되고, 그래서 더욱 정감이 넘쳐나던 삼십 대 여인의 시기였는지 모른다는 생각이 들었다. 그곳에서 찍은 사진들은 그걸 잘 나타내주고 있었다.

 까맣게 잊혀졌다가 되살아난 기억들 때문인지, 그때의 풍요로움이 깃든 모습으로 사랑의 손길을 말하던 꿈 속 어머니의 목소리는 이제야 비로소 어머니의 영혼이 안식에 들었음을 의미하는 듯했다.

 평생을 신앙의 언저리에서만 맴도셨기에, 나 혼자만이라도 실비아라는 이름으로 간직하리라 하며 나무 묵주를 품에 넣어 드렸는데. 그것이 성당 뜨락의 앵두나무 곁에 서신 모습으로 화해 홀연 다녀가신 것은 아닌지.

 놀라운 건, 어머니의 그 모습이 무엇으로도 치유시키지 못한 채 핏방울처럼 맺혀 있던 가슴 속의 아픔을 어느 만큼 가시게 했다는 사실이다. 어머니가 꿈에서나마 앵두꽃을 가리키며 마지막 말을 남기셨으니, 이 봄엔 나 또한 사랑의 말을 되찾아야 할 것 같다.

은빛 꽃가루

연속해서 울리는 전화벨 소리에 새벽잠이 깼다. 수화기를 들지 않아도 무거운 내용이라는 걸 짐작할 수 있었다. 언니, 할머니가 돌아가셨어. 병원에서 방금 전에 연락이 왔어.

얼마 전부터 예상해온 일이었으면서, 아니 어쩌면 내심 기다려온 일인지도 모르면서 왈칵 눈물이 쏟아졌다. 결국은 혼자서 쓸쓸히 돌아가시고 말았구나.

따로 상복을 챙겨입을 일도 없기에 검은 옷을 있는 대로 찾아입고 서둘러 내려갔다. 때 아닌 겨울비까지 주룩주룩 내리고 있어서 마음이 더욱 가라앉았다.

영안실은 아버지와 여동생 부부가 지키고 있었다. 오래 전에 찍은 할머니의 사진 앞에는 불 켜진 초와 향과 하얀 국화 바구니 하나만 놓여 있을 뿐이었다.

할머니의 죽음이 슬퍼서가 아니라 그 썰렁함 때문에 눈물이 나왔다. 아흔이 넘도록 사신 분이 가는 마지막 자리인데 이보다 휑한 빈소가 또 있을까.

맥을 놓고 앉아 있으려니 할머니의 조카딸인 사촌 이모 두 분이 이모부들과 함께 왔다. 그리고 나자 멀리서 올라오는 남동생과 회사에 들렀다 내려오는 남편이 함께 들어섰다. 그로써 와야할 사람은 다 온 거였다.

무남독녀였던 어머니가 돌아가시자 애초부터 함께 살아온 외할머니는 아버지의 손에 맡겨졌다. 어머니를 묻고 돌아온 날부터 할머니를 대하는 우리의 눈초리엔 까닭없는 원망이 담겨 있었다.

'할머니가 먼저 가셔야 하는 건데, 고집세게 너무 오래 사시니까 하나밖에 없는 딸자식이 먼저 간 거예요.'

아버지는 노우니 아주미니를 부르며 할머니 치다꺼리를 도맡으셨다. 너희 어머니를 생각해서라도 내가 끝까지 모셔야지, 안 그러면 너희 어머니가 눈을 감겠니 하고 누누이 말씀하시면서.

어머니와 함께 살던 집을 팔고 아파트로 옮긴 뒤, 일 년 전부터 할머니는 대소변을 못 가릴 정도가 됐다. 가끔 내려가면, 작은 방 구석에 쪼그리고 앉아 눈만 빼꼼히 뜨고 있는 할머니 모습은 대하기조차 괴로웠다.

그러다 중환자실로 가신 지 엿새 만에, 지켜보는 이 하나 없는 속에서 이른 새벽 혼자 눈을 감으신 거였다. 아버지와 잠시 친정에 머물러 있던 여동생 부부가 연락을 받고 갔을 때는 숨을 거두신 지 삼십 분 정도가 지난 뒤였다고 했다.

아버지와 이모 내외는 짧은 의논 끝에 이일장을 하고 화장을 해드리기로 결정을 내렸다. 자식도 없이 가시는 노인네, 하루 더 모셔 두어 무얼 하겠어요. 돌볼 사람도 없는데 산소는 만들어 또 어떻게 하고요.

저녁이 되어 예전에 할머니가 다니던 교회 사람들이 다녀간 뒤 입관 절차가 이어졌다. 방 전체에서 냉장고 돌아가는 소리가 나는 안치실, 할머니의 이름이 붙은 문의 손잡이를 잡아당기자 스테인레스 판 위에 눕혀진 할머니의 시신이 나왔다.

아무 것도 입혀져 있는 않은 몸뚱아리 위에는 흰 무명천이 덮여 있었다. 천 밖으로 나온 두 팔에 주사바늘을 꽂느라고 시퍼렇게 난 멍자국이 가슴 아프게 했다. 벌써 새카맣게 변해버린, 버선을 신어서 도톰하게 된 엄지 발톱은 어려서부터 눈에 익은 할머니의 일부분이었는데.

염습을 하는 남자 둘은 시신에 전혀 손을 대지 않고, 잣대를 써가며 능숙하게 삼베 수의를 입혔다. 얼굴이 마지막으로 싸개에 싸여질 때 둘러선 우리의 눈에선 주르르 눈물이 흘러 내렸다.

밤을 새우고 나니 다행히 비가 그쳐 있었다. 곧바로 화장터로 향

해 작은 예배당에서 예배를 드리고 난 뒤, 이모 내외와 우리 식구만 남아서 할머니의 관이 화덕 속으로 들어가는 걸 지켜봤다.

두꺼운 알루니늄판으로 된 문이 이내 쾅 닫혀 버리고, 그 앞엔 다리가 긴 상이 놓여졌다. 그 위에 과일 몇 개와 술을 부어놓고 불을 붙인 뒤 번갈아 가며 절을 했다.

타고 있는 초에서 흘러내린 촛농이 얼어붙은 폭포처럼 되었을 때문이 열렸다. 들이밀어진 관은 흔적도 없이, 끌어낸 판 위에 오르르 놓여있는 것은 타다 남은 몇 개의 뼛조각. 표정없는 얼굴을 한 남자가 비로 쓱쓱 쓸어 쓰레받기에 담았다.

그것을 옆에 있는 방으로 가져가 우리가 유리를 통해 지켜보는 가운데 분쇄기에 넣어 네 번을 돌렸다. 순식간에 할머니는 말로만 듣던 대로 한 줌 재가 되어 남은 거였다.

흰 종이에 싸여진 뼛가루는 나무로 된 유골 상자에 담겨지고, 그것을 흰 옥양목 보자기에 싸서 아버지가 안았다. 어머니 대신 남은 우리가 아버지를 따라 뒤에 있는 낮은 산으로 올라갔다. 그리고는 차례로 한 줌씩 집어 눈물과 함께 휘휘 공중에 뿌렸다.

흩어지며 바람에 날리는 하얀 뼛가루는 그 순간 쪼그라들 대로 쪼그라들었던 할머니의 초라한 몸뚱아리가 아닌 듯했다. 그것은 이제 더 이상 그 몸뚱아리에 갇혀 있지 않아도 좋은 영혼의 은빛 꽃가루처럼 보였다.

어머니가 간 뒤 한스러움 속에 살아 계시던 할머니는 그렇게, 가끔씩 찾아가 볼 무덤조차 없이 바람에 날아가 버리심으로 해서 허망함이란 낱말을 가슴에 파놓고 가셨다.

카스피아 눈물

눈에는 눈물이 어리지 않는데, 가슴에선 마른 눈물이 떨어지는 날이 있다. 그런 날은 엷은 보랏빛 카스피아를 한 다발 산다.

이파리는 하나도 없이, 여러 갈래로 퍼져 나간 가늘고 빳빳한 줄기에 깨알보다도 작은 꽃들이 촘촘히 붙어서 핀 그 꽃은 애초부터 마른 느낌을 지니고 있다.

바싹 들여다보아야 보이는 자잘한 꽃송이에서 그나마 은은한 향기가 폴폴 배어나와, 그것으로나 겨우 살아있다는 촉촉한 느낌을 전해 받을 수 있을까.

그런 카스피아에서 눈가로 넘쳐 흐르는 눈물보다 더 진한 눈물의 의미를 발견한 건 혼자 어머니의 산소에 가서였다. 가족들과 함께 다니던 산소엘 혼자 가려니 좀 두렵기는 했지만, 그렇게라도 하지 않으면 눈물조차 흐르지 않는 슬픔을 가눌 길이 없었다.

병천 아우내장터에서 어머니가 묻히신 풍산공원까지는 십 리 정도 됐다. 버스가 자주 다니지를 않아 걷기로 했다. 시월 중순이라 햇볕도 따갑지 않고 바람도 서늘했지만 흙먼지가 이는 길을 걷는 마음은 힘겨웠다.

길가에 핀 흰빛 구절초만 보아도 어머니를 향한 그리움에 눈빛이 떨리고, 바람에 흔들리는 억새를 보노라면 어머니의 머언 먼 손짓이 느껴져 콧등이 시큰해왔다.

그러면서 묘원 입구에 도착하니, 저 멀리 진달래 단지에 있는 어머니의 산소가 올려다보였다. 참았던 울음이 왈칵 터져 나올 듯하다가는 안으로 잦아들고 말았다.

모처럼 어머니와 마주하고, 어머니를 잃고 지낸 날들의 서러움을 토로하며 소리내어 울리라 했는데. 한두 방울 볼을 타고 흘러내리던 눈물마저 말라 버리자 슬픔은 배가 되는 듯했다. 그런 내가 문득 '아틀란티스에서 온 소년'을 닮았다는 생각이 들었다.

초등학교 때 처음 나간 글짓기대회에서 입상을 하자 어머니는 선물로 어린이 잡지를한 권 사다 주셨다. 그 안에 「아틀란티스 소년」이란 제목의 만화가 있었는데 오래도록 기억이 났다.

지상의 낙원이라 불리우던 아틀란티스 섬이 화산 폭발로 물속에 가라앉아 버렸을 때, 몇몇 사람은 물고기처럼 호흡하는 능력을 지니게 되어 살아남았다. 시간이 가면서 그들은 서로 짝을 지어 아이를 낳고 물 속 도시를 건설했다.

어느날 새로 맺어진 젊은 부부 사이에서 한 사내 아기가 태어났다. 안타깝게도 그 아기는 물 속에서 호흡을 할 수가 없었다. 성급히 물 위로 떠올라, 마침 배로 여행중이던 한 해양학자의 나이든 부인에게 아이를 맡겼다.

말을 하지는 못해도 자식이 없던 그 부부의 사랑을 받으며 자라난 아이는 어느덧 소년이 됐다. 한데 어느날부턴가 양쪽 다리에서 지느러미가 생겨났다. 그 사실을 알게 된 해양학자는 학계에 발표할 셈으로 소년을 큼지막한 수족관에 가두어 버렸다.

갑자기 바뀐 자기의 모습과 처지를 받아들이지 못한 채 괴로워하는 그 소년이 해양학자의 부인에게 눈빛으로 하는 말은 몹시 슬픈 것이었다.

"엄마, 울고 싶은데 눈에서 눈물이 안 나요. 물 속에서는 눈물을 흘릴 수 없는 건가요?"

그러다가 바다에서 얻은 아들을 다시금 바다에 돌려 주기로 결심한 그 부인의 노력으로, 소년은 자기가 태어난 나라인 아틀란티스로 돌아가게 됐다는 이야기였다.

어머니의 산소를 뒤로 하고 내려오노라니 정말 내가 그 소년과 같게 느껴졌다. 실컷 울고 싶으면서도 뽀얀 흙길에 마른 눈물만 점점이 떨구며 걷고 있는 나와, 눈물을 보일 수 없어 안타까워하며 뭍의 어머니에게 손을 흔들던 그 물의 소년이.

물속의 섬
아틀란티스에서 온 소년아.
슬픔 가득한 날에도
네 눈에선 마른 눈물이
흘렀다는 이야기.
소리쳐 보고픈 이의 무덤가에서
가슴 속 파도와는
아주 먼 눈물 떨구고
돌아온 저녁, 비로소
젖은 눈물로만 슬픔을
말할 수 있는 게
삶이 아님을 안다.
옅은 보랏빛
마른 입술로 피는 카스피아.
그 꽃을 닮은 눈물이
차라리 저린 언어임을.

돌아오는 길에 쓴 「카스피아 눈물」이라는 시에서처럼, 나는 어머니의 죽음을 통해 슬픔이 너무 크면 오히려 마른 눈물을 흘리게 된다는 걸 배웠다.

어머니는 결국 내 곁에 머무르셨던 삼십여 년 세월보다 곁을 떠나신 지난 오 년 동안, 젖은 눈물로만 슬픔을 말할 줄 알던 딸에게 진실로 깊은 삶의 언어를 가르쳐 주신 것일까.

바다백합 계곡

한 해의 마지막 저녁, 집 근처에 있는 꽃집에서 봉오리가 두서넛씩 맺혀있는 백합을 일곱 대나 샀다. 커다란 유리꽃병에 꽂아 놓고 하룻밤을 자고 나자, 스무 송이 정도가 거의 다 피어서 향기가 은은하게 퍼져 나갔다.

백합의 향기 속에서 맞이하는 새해의 아침이라니, 이것이야말로 삶의 축복이구나 싶었다. 그 속에서 하나둘 되살아나는 건 지난 날 백합과 더불어 지닌 기억들이었다.

여고 시절 백합을 방 안 가득히 피워 놓고 잠이 들면 고통스럽지 않게 죽을 수 있다는 말을 들었다. 그것이 사실인지 아닌지도 모르면서 생명을 가져갈 수 있다는 백합의 향기는 마음을 사로잡았다.

대학을 졸업하고 교사가 되면서 자취를 하게 됐다. 어느날 퇴근을 하면서 백합을 한아름 사가지고 돌아왔다. 단지에 꽂아 놓고는, 창문을 달고 반듯이 누워 숨을 깊이 들이마시노라니 차츰 향기가 콧속으로 스며들기 시작했다.

오래 전부터 그려온 아름다운 죽음의 모습을 조금만 훔쳐 보리라 하며, 눈을 감은 채 얼마가 지났을까. 향기 탓인지 기분 탓인지 모든 게 멀어지며 정신이 아득해졌다.

그때 번개처럼 머릿속을 스치고 지나가는 게 있었다. 사랑하고 싶은 것, 해보고 싶은 것이 얼마나 많은데 이대로 죽을 순 없어. 죽음에의 꿈은 나중에 이루어도 늦지 않을 테니 그만 일어나자.

그 뒤론 백합의 향기에 취해 세상을 저버린 여자에 대한 꿈은 접어 두고 지냈다. 그러다 결혼을 하게 됐다. 새 집엔 시어머님이 시골집 마당에서 캐온 백합이 심어진 화분이 하나 있었다.

오월이면, 꽃집에서 사는 것보다 길고 가는 꽃대에서 서너 송이의 꽃이 피어났다. 꽃송이는 작아도 향기가 얼마나 진한지 집안 전체가 그 향기에 물드는 듯했다.

아이가 태어난 뒤였나. 마루에 들여놓았던 화분을 남편에게 밖으로 내다 놓아 달라고 했다. '향기가 너무 독해서, 아기에게 나쁠 거예요' 베란다로 나간 화분을 무심히 바라보며 창문을 닫다가, 예전에 품었던 꿈이 떠올라 씁쓸한 웃음이 지어졌다.

아이를 낳고 영세를 받으면서 내가 가지게 된 또 하나의 이름은 '체칠리아'였다. 중세 시대에 '체칠리아'라는 이름은 '첼리 릴리아',

'천국의 백합'이라는 뜻을 지니고 있었다는 걸 나중 알았다.

로마의 귀족 체칠리이 가문의 딸로 태어난 그녀는 발레리아노라는 이교도와 결혼을 했다. 하지만 결혼식 날 저녁, 자기를 보살펴 주는 천사와 노사제 우르바노의 도움으로 남편을 영세시킨 후 동정녀로 지내다가 순교했다.

십 년 넘게 그 이름을 빌려 쓰고 있으면서도, 도무지 성녀를 닮은 데라고는 찾아 볼 수 없는 내가 때론 한심하게 여겨진다. 그래서 성녀의 축일이면서 성당에 가서, '불쌍한 영혼'들을 위해 미사를 올리며 죄송한 마음을 대신하곤 한다.

"체칠리아 성녀여. 시인의 주보 성녀인 당신은 많은 이들에게 칭송을 받고 있는데. 저는……." 더는 기도할 말을 찾지 못해 가만히 앉아 있노라면, '그래. 내 가슴에 자리한 이 독한 의지만은 그래도 성녀를 닮은 부분인지 모르지'라는 생각이 든다.

　전부터도 내 자신이 의지가 약하다고는 여기지 않았다. 한데 어머니를 잃고 뒤이어 할머니마저 잃으면서 스스로도 지독하다 싶을 정도로 의지가 강해졌다.

　그 의지가 나로 하여금 여러 가지 면에서 어려웠던 스쿠버 다이빙을 시작하게 만든 건 아닐지. 두 분에 대한 그리움을 온 힘을 다하지 않고는 이루어낼 수 없는 일에 몰두함으로써 삭이고자 했는지도 모른다.

　한데 물 속에 들어가면 그리움은 오히려 더해져서 눈물이 났다. 시파단 섬 물 속에서는 아예 울음이 나올 정도였다. 물 속에서도 흐느껴 울 수 있다는 걸 그때 비로소 알았다.

　절벽에 붙어 자란 부채산호 곁에 떠 있다 보면 상어가 눈에 띄곤 했다. 순식간에 깊은 곳으로 사라지는 그 꼬리를 따라가면, 어머니와 할머니가 머무는 피안의 계곡에 닿을 수 있을 것 같았다.

　'그 계곡엔 수심이 백 미터가 넘는 바다에서만 산다는 바다백합 sealily이 만발해 있을까. 해백합海百合, 또는 갯고사리로도 불리우는 바다나리의 한 종류인 바다백합. 실은 동물이나 자루 끝에 달린 꽃모양의 깃털팔이 한 송이 백합을 연상시켜, 내게는 애초부터 꽃으로 자리잡은 그 연둣빛 물백합이.'

　검푸른 물살을 타고 올라와 귓전을 울리는 바다백합의―심연에만

피어 더욱 신비로운 느낌으로 남는—노랫소리. 그 속엔 아직도 세상살이에 묶여 있는 나를 기다리고 계신 어머니와 할머니의 음성이 깃들어 있었다.

"딸아. 뭍에 피는 백합과 더불어 물에 피는 백합까지 마음에 새긴 너는, 기어이 천국의 백합으로 피어나야만 한다. 남보다 깊은 아름다움에 맛들인 것만으로도 삶은 한층 고달프리니 다부지게 마음먹고 오늘을 헤엄쳐 가려무나."

옥매화 그늘

유명산 자락에 들면서부터 '그늘'이란 말이 유독 가깝게 다가오기 시작했다. 서울에서 멀지 않은 곳에 있으면서도 나무가 울창하고 계곡이 깊어, 멀리 있는 큰 산의 면모를 느끼게 하기에 부족함이 없어서였을까.

비가 오락가락하는 날씨였으니 햇빛을 가려주는 그늘이 간절했을 리는 없고, '부모가 보살펴주는 아래'란 뜻의 그늘이 숲이 만들어주는 그늘과 하나가 되어 가슴에 와 닿았던 모양이다.

숲에는 신갈나무와 단풍나무와 참나무와, 그 산이 자리한 가평 설악면 일대에 유난히 많은 잣나무와 고개를 젖히고 한참을 올려다봐야 하는 낙엽송까지 울울히 들어차 있다.

그 숲이 만들어주는 그늘 아래서 얼마나 많은 풀꽃이 피었다 지고, 올망졸망한 산짐승과 새들이 보금자리를 틀고 의지가지없는 풀

벌레들이 숨어 지낼지. 나무와 풀을 걔네들이라고 지칭하는 숲 해설가의 말 또한 모두가 그늘 쪽으로 귀결되고 있었다.

"숲이 깊다는 건 그 숲의 품 안에서 살아가는 존재가 그만큼 많다는 걸 의미합니다. 일년생 풀이 먼저 자라고 그 다음에 다년생 풀이 자라서 지표에 깔리면, 싸리나무와 국수나무 같은 덩굴나무가 뿌리를 내리기 시작하고 소나무 같은 침엽수의 뒤를 이어 도토리나무 같은 활엽수가 자라면서 울창해진 게 지금의 이런 숲입니다.

언제라도 싹이 틀 수 있는 습한 기운 한 자락 깔아놓은 흙에서 자라는 나무와 풀은 물론이고 그 안에서 풍성한 먹이와 잠자리를 얻는 동물과 곤충 역시, 평소엔 잊고 살다가도 숲에 들면 금세 마음의 여유를 되찾는 사람과 더불어 숲이 만들어주는 그늘 아래서 살아가는 존재가 아닙니까."

연신 고개를 끄덕이며 공감을 하다가, 누군가의 그늘 아래 살아간다는 게 얼마나 편안하고 안도감 있는 나날인지를 이미 절감한 내가 아닌가 하는 생각이 들었다. 그제야 유명산 자락에 들면서 '그늘'이란 말을 가장 앞서 떠올린 이유가 헤아려졌다.

'엄소리. 농다치 고개. 이 산을 향해 오는 길에 눈에 띈 표지판들은 내가 알아채지 못 하는 사이에 벌써 지나간 시간 속으로 나를 데려다 놓았었구나.'

나무가 하도 울창해 갓 시집온 새색시의 장롱을 짊어진 일꾼들이

'농 다칠라, 농 다칠라' 하며 넘었다는 농다치 고개. 그 고개의 이야기를 시어머니한테 들으며 엄소리 마을로 향하던 초겨울의 오후는, 이제 이십오 년 전의 풍경화로 남아 있다.

결혼하고서 바로 제일 나이든 어른이라는 시고모할머니를 찾아뵈러 나선 길이었다. 하룻밤을 묵고 아침에 일어나 집 뒤쪽에 있는 냇가로 나갔더니, 물이 얼마나 차고 맑은지. 그 물에 비친 숲 그림자는 또 얼마나 깊은지 감탄의 연속이었다.

얼마 후 시골 생활을 더 할 수 없으리만치 연로한 그 할머니는 서울에 있는 자식에게로 올라왔다. 그 무렵 마지막이라며 그곳에 다니러갔던 시어머니는 그 집 마당에 있던 옥매화를 한 그루 캐다가 우리 마당에 심으셨다.

봄이면 가지가 휘도록 하얀 꽃을 피우는 옥매화는 해가 갈수록 무성해져, '꽃그늘 아래 머물고 싶다'라는 말을 붙여도 손색이 없을 만한 모양새가 되어 갔다.

하지만, 그 꽃나무가 질린다는 느낌이 들 정도로 숱한 꽃송이를 달았던 해 여름. 뇌종양으로 쓰러진 시어머니는 수술로 잠시 회생이 되는 것 같더니, 결국 이듬해 여름에 세상을 뜨시고 말았다.

주인이 병석에 누운 봄임을 알리기라도 하듯 전 해와는 달리 꽃이 영 시원치 않던 옥매화는, 시어머니가 가시고 나서는 눈에 띄게 꽃이 줄더니 아예 마른 가지로 남다가 끝내는 죽어 버렸다.

옥매화의 가지를 잘라내고 그 뿌리까지 캐내던 날은 시어머니의 잔상마저 걷어내는 듯해서 마음이 아렸다. 시어머니가 가신 뒤에야 그 보살핌 아래 있을 때가 얼마나 안락한 시기였는지를 절절이 느낀 내게는 옥매화의 그늘이 더할 수 없는 그리움으로 남았다.

아무런 구애도 받지 않고 마음껏 기량을 펼칠 수 있었던 직장 생활에 대한 그간의 자랑이, 살림 도맡아 하며 아이까지 키워준 시어머님 덕이었다는 걸 뒤늦게 깨달은 거였다.

그분이 그랬던 것처럼 이제는 내가 집을 지키며 남편과 아들에게 편안함을 줄 수 있는 그늘이 되어야 한다는 생각이 점점 강해져, 미련 없이 직장 생활을 접은 지도 벌써 몇 년.

오롯이 집안 생활로 돌아와, 누군가의 그늘 아래 있다는 것과 누군가의 그늘이 되어준다는 것의 차이를 충분히 새기고도 남을 만한 시간이 흘렀다.

유명산의 울창한 수림은 이미 그 오래 전에, 새댁이었던 내가 이십오 년이 지난 어느 여름날. 숲과 사람이 지닌 그늘의 의미를 충분히 숙지한 중년 아낙이 되어 찾아오리라는 걸 알고 있지 않았을까. 그 산자락에 들면서부터 '그늘'이란 말이 안겨오기 시작한 건 분명 그래서였나보다.

사루비아 별장

내 눈에 그렇게 낭만적으로 비쳤던 집이 바로 아버지의 격전지일 줄은. 노량진 역 근처에 있는 그 집이 눈에 띈 것은 대학교 일학년 때였다.

늘 전철을 타고 다니다 보니 창밖의 풍경이 자연 눈에 익기 마련이었다. 그 집도 그 중의 하나였다. 붉은 색 지붕 아래 파란 담쟁이가 뒤덮인 벽과 그 사이 사이로 난 여러 개의 타원형 창문이 유난히 인상적이었다.

안개가 낀 날은 영화에 나오는 작은 성처럼 보이기도 했고, 빗줄기 속에서는 그런 대로 음산한 기분을 자아내서 내 나름대로 상상을 하기가 좋았다.

"깊은 우수에 잠긴 이가 외로이 살고 있지는 않을까."

하루는 붐비는 전철 속에서 내가 즐기곤 하는 그 낭만을 식구들에게 자랑 삼아 들려 주었다. 평소에는 아주 무덤덤한 아버지께서 의외로 이것 저것 물으셨다. 아시는 곳이냐고 여쭈었더니 씁쓸하게 웃으며 담배부터 한 대 피워 물고는 말을 꺼내셨다.

"거긴 6·25때 내가 죽을 뻔 했던 곳이야."

아버지는 당시 보병 중위로서 소대장이었다고 했다. 열 명 남짓한 소대원을 이끌고 후퇴를 하다가 낙오가 되어 숨어든 곳이 바로 그 집이었다. 당시 어느 정치인의 별장이었는데 집은 텅 빈 채로 아무도 남아 있지 않았다.

집안에 들어가 먹을 것이 없나 뒤지는데 갑자기 총소리가 났다. 길 건너편에 있는 낮은 산에서 적들이 쏘는 것이었다. 얼른 그 집의 담 밑으로 기어가서 맞싸웠다. 얼마나 지나서야 귓전을 울리던 총소리가 멎었다.

그리고 나서 공교롭게 아버지는 학질에 걸렸다. 열 때문에 움직일 수가 없어서 부하들에게 먼저 떠나라고 했다. 안 가겠다는 것을 명령이라고 해서 억지로 보내 놓고는 정신을 잃었다. 얼마만에 깨어나니 사방이 무섭도록 조용했다.

기진맥진해서 뜰에 있는 나무에 기대섰다가는 엉겁결에 군복을 벗어 버리고 다시 집 안으로 들어가 깊숙이 숨었다. 다행히 전세가 바뀌어 부하들이 아버지를 찾으러 왔을 때 아버지는 좀 이상해진 상태였다고 했다.

"전쟁이 끝났다며, 혼자 실실 웃고 있더라니까."

아버지의 이야기를 들으며 감동보다 먼저 쓸쓸한 기분이 드는 건 그 집을 보며 혼자 품었던 상상들이 아버지의 쓰라린 기억으로 하여 여지없이 허물어진 것 같아서였다. 하지만 시간이 갈수록 그건 참 묘한 일치라는 생각이 들었다.

"한 장소를 두고, 아버지와 딸이 어쩌면 그렇게도 다른 느낌을 가지게 됐을까."

더구나 내 나이가 그때의 아버지 나이와 엇비슷하다는 사실이 여러 가지 생각을 불러왔다. 그 엇비슷한 나이에 아버지는 죽음을 맛보았고, 나는 죽음은 커녕 흔한 낭만이나 지니고 있었다니.

그건 정녕 아버지와 내가 살고 있는 시대의 차이에서 온 것일까. 그러면서도 자꾸만 머리를 맴도는 건 아버지가 나보다 훨씬 진한 삶

의 체험을 했다는 사실이었다.

그러던 어느 토요일 오후 아버지와 함께 그 집을 찾아 가 보기로 했다. 노량진 역에서 내려 길을 물어 집 근처까지 갔다. 전에는 한강 백사장이 있던 곳에 생선 공장이 들어서서 비린내가 풍겼다.

그 집의 커다란 철대문은 굳게 닫혀 있고 생선 상자가 쌓인 곳에 뒷문이 열려 있었다. 주인을 불러도 나오지 않기에 조심스레 문을 밀고 들어섰다.

잡초처럼 무성한 잔디와 연못이 먼저 눈에 띄고, 맞은 편과 왼편 돌담께의 낡은 건물이 보였다. 마치 폐허가 된 성의 일부처럼 느껴졌다. 이리저리 둘러 보며 서있는데 뜰 구석에 자리한 오막살이에서 허리가 구부정한 노인이 하나 나왔다.

아버지는 그 노인에게 찾아온 까닭을 설명했지만 전혀 흥미기 없다는 표정이었다. 별장의 주인은 고인이 된 지 오래고, 자기는 먼 친척의 부탁으로 지키고 있을 뿐이라고 했다.

무어라 꼬집어낼 수 없는 허무감을 안고 거미줄이 얽힌 맞은 편 건물의 현관으로 들어섰다. 아버지가 앓아 누웠었다는 방에는 헌 가구들만이 먼지를 쓰고 앉아 있었다. 열에 들뜬 아버지의 신음소리가 들려 올 듯도 했다.

복도를 지나 반대쪽으로 나오자 금이 간 벽에는 마른 담쟁이 넝쿨이 기어 다니고 있었다. 내가 멀리서 보아왔던 쪽이었다. 그 아래로 아버지가 적과 맞섰다는 벽돌담이 이어져 있었다. 아버지는 그 때의 기억을 더듬기라도 하시는 듯이 벽돌담에 난 십자의 구멍을 어루만지셨다.

"이 곳으로 총알이 날아 들어와 내가 아끼던 연락병의 이마에 박혔지. 짧은 비명과 함께 머리를 뒤로 젖히더니만 그만이었어. 이마에서 흘러내리던 그 한줄기 피가 눈에 선해."

아버지의 이야기가 그대로 가슴에 날아와 박히기라도 하는 듯했다. 말 없이 담을 따라 걷다 보니 때늦은 한 무더기의 사루비아가 피어 있었다. 유난히도 빨간 빛이었다.

그 꽃잎에서 앳된 연락병의 이마에서 흘러내렸다는 한줄기의 선혈이 연상됐다. 아버지의 가슴에 그토록 아프게 새겨진 연락병의 마지막 모습은 얼마나 많은 말을 대신하는 것이었을까.

내가 비록 삶의 끝까지 간다고 한들 누군가의 가슴에 그토록 선명한 인상을 남길 수가 있을까. 머릿속을 스치는 그 생각들을 어느새 안일한 내 생활의 자극이 되어 오고 있었다.

그 뒤로도 전철 속에서 가끔 눈에 띄었지만, 사루비아가 피어 있던 그 별장은 더 이상 나로 하여금 어설픈 낭만에 젖어 들게 하지는 않았다.

크로바꽃 인연

　얼마 전 내 반 아이들을 데리고 국립 묘지에 갔었다. 참배를 마친 뒤 호국관에서 그곳과 관련된 짤막한 영화를 보았는데 퍽이나 가슴을 울리는 내용이었다.

　영화를 보고 난 아이들을 데리고 풀 뽑기를 하러 묘역 쪽으로 발길을 옮길 때였다. 풀섶에서 홀로 고개를 내민 하얀 크로바꽃이 눈에 띄었다. 그걸 보는 순간 아버지와 어머니가 전쟁 속에서 그 꽃으로 하여 만났다는 사연이 떠올랐다.

　6·25 전쟁때 아버지는 육군 소위였고 어머니는 초등학교 선생님이었다고 했다. 똑같이 황해도가 고향인 두 분이 처음 만난 건 제주도였는데, 어머니는 피난민이었고 아버지는 피난민을 돌보는 임무를 맡고 있었다.

　지금도 얼굴이 고우신 어머니는 한 눈에 아버지를 사로잡았고, 그

혼란 속에서도 아버지의 가슴에선 사랑이 피어났다. 두 분은 어느날 아버지의 간곡한 청으로 호젓한 길을 걷게 됐는데, 마침 크로바꽃이 피어 있었다. 어머니는 반색을 하며 한 송이를 따들었다.

"어지러운 속에서도 이 작은 꽃은 여전히 피어 있네요."

그러자 아버지의 입에서는 참으로 그 분위기와 어울리지 않는 한 마디가 불쑥 튀어 나왔다.

"아, 그 풀은 군화 닦기에 아주 좋아요."

이어서 아버지는 군화 신은 발을 이리저리 돌려가며 크로바꽃이 핀 데다가 문질렀다. 무거운 발 밑에서 크로바꽃은 여지없이 뭉그러져 가고 있었다.

그 날 이후로 어머니는 다시 만나려 하지 않았지만 아버지는 여전했고, 얼마가 지나 전선으로 떠나게 되자 매달리다시피 했다. 그래도 막무가내인 어머니에게 같이 피난을 왔던 친구는, 어차피 죽을 사람인데 마음이나 달래주지 그러냐고 했다.

그 말을 듣고 보니 한편으로는 가슴이 아프기도 해서, 어머니는 무사하기를 빈다는 간단한 내용이 담긴 편지를 썼다고 했다. 그것을 사랑의 약속으로 믿은 아버지는, 그것이 힘이 되어서였는지 극심한 전투 속에서도 죽지 않고 살아 돌아왔다.

그리고는 진위라는 곳에서 다시 초등학교 선생님으로 일하게 된 어머니를 물어 물어 찾아냈고, 군인하고는 결혼을 안 한다던 어머니

의 고집을 꺾고야 말았다.

그 이야기를 내게 들려주신 어머니는 인연이란 참 알 수가 없는 것이라며, 전쟁만 아니었다면 그렇게 감정이 다른 사람끼리 만나서 살 수가 있었겠느냐고 하셨다.

지금도 크로바꽃만 보면 그때가 떠올라 웃음지어지고, 전혀 다른 눈으로 그 꽃을 바라 보았던 사람들을 묶어놓은 인연의 끈에 작은 놀라움을 느끼기도 한다고 덧붙이셨다.

언젠가 또 조용히 들려 주신 아버지의 애인 이야기는 나 역시 그런 느낌을 가지게 만들었다. 어머니를 만나기 전 아버지는 부상을 입고 육군 병원에 입원을 했는데, 그곳에서 아버지를 극진히 돌보아 준 간호 장교를 만났다.

한데 아버지가 완쾌되어 다시 전선으로 나갔다가 찾아가 보니, 그 간호 장교는 야전 병원으로 떠나고 없었다. 얼마 후 아버지는 그녀가 폭격에 맞아 죽었다는 소식을 듣게 됐다.

훗날 우연히 그 간호 장교가 국립 묘지에 묻혔다는 걸 알게 된 아버지는 아픔을 혼자 간직하기가 힘겨우셨는지, 어머니에게 그 이야길 들려 주시더라는 거였다.

그런 이야기를 어머니에게 전하신 아버지나, 그 사랑을 순수하게 받아들여 맏딸에게까지 들려주는 어머니가 참 아름다운 사람들로 비쳤었다. 그 이야기가 깊은 인상을 남겨서인지, 대학교 때 일부러

국립 묘지를 찾아 갔었다.

그곳에 들어서자마자, 아버지의 애인이었다는 그 간호 장교가 묻힌 곳이 어디일까 하는 생각이 스쳐갔다. 아무 묘역에나 들어가 묘비에 쓰인 이름과 전사한 날짜와 장소들을 이리저리 훑어보다가, 그런 내가 어이없어졌다.

하지만 그런 속에서도 해맑은 인상이었을 그 간호 장교의 모습이 자꾸만 눈 앞에 그려졌다. 그 위로 또 아버지의 젊은 모습이 그려지고, 어느새 두 사람은 그 넓은 묘역 어딘가에 묻힌 영령이 되어 홀연히 나타나는 거였다.

그리고선 한동안 넋이 나간 사람처럼 그들과 함께 있었다. 생명을 그토록 순수하게 산화시킬 수 있었던 뜨거운 가슴과 그 안에서 피어났던 깨끗한 사랑에 대해 이야기 나누면서.

처음 그곳을 찾았을 땐 그들의 나이와 내 나이가 엇비슷했으나, 어느 때부턴가 차츰 내가 많아져 갔다. 아버지의 한 쪽 인연은 국립 묘지에 묻혀 있고 크로바꽃이 맺어준 또 한 쪽 인연은 지금의 내 어머니로 남아, 그 인연의 열매인 내가 이렇게 나이들 만큼 세월이 흐른 거였다.

참비비추 영혼

그 영화를 보면서 줄곧 갈등을 할 수밖에 없었다. 나는 누구의 편에 서서 저 영화를 보아야 하나.

갈등은 영화관에 들어서기 전부터, 아니 그 영화를 보아야겠다고 마음먹기 훨씬 전부터 자리잡았다. 벌써 일 년 전 여름에 『南部軍』이라는 책을 읽었고, 책을 읽기 한 달쯤 전에 그 책의 배경이 되는 지리산엘 다녀왔기 때문이었다.

공비나 빨치산이라는 말은 어릴 때부터 아버지에게서 익히 들었었다. 군인이셨던 아버지의 왼쪽 턱과 가슴과 등어리에는 깊은 흉터가 있었는데, 가끔 그 흉터의 내력을 들려주시곤 했다.

지리산에 숨어든 빨치산을 토벌하기 위해 구례에 주둔해 있던 아버지에게 이른 새벽부터 공비가 마을에 내려 왔다는 정보가 들어왔다. 부하들을 이끌고 아직 어둠이 걷히지 않은 길을 급히 달려가고 있는데 느닷없이 길 위 언덕으로부터 총알이 쏟아졌다. 속은 거였다.

그 총알 중 하나가 아버지의 왼쪽 턱을 통과하면서 아슬아슬하게 심장을 빗겨 가슴을 뚫고 등 뒤로 빠져 나갔다. 그대로 거꾸러지면서 논으로 굴러 떨어졌다. 아버지를 찾는 빨치산의 목소리를 들으며 정신을 잃었다가 깨보니, 병원이었다.

부대원의 소식을 묻는 아버지에게 군의관은 침통하게 고개를 흔들며, 당신이 목숨을 건진 것만도 천만다행이라는 말을 들려 주었다. 그 뒤 아버지는 얼마 동안 병원에서 지내며, 자신의 상처에서 오는 고통과 잃어버린 부하들에 대한 죄책감에 시달려야 했다.

아버지의 그런 아픔을 통해서만 바라보았던 탓에, 북으로 돌아가지도 못하고 남쪽에 있는 산에서 어떻게든 살아 남기위해 안간힘을 써야했던 빨치산의 비참함은 별로 와닿지 않았다. 다만 아버지가 죽음 가까이까지 갔던 장소를 한 번쯤 더듬어 보고 싶어서였는지, 지리산에 꼭 한번 가고 싶었다.

마침 산행을 좋아하는 여동생이 속한 모임에서 여름 휴가를 이용해 지리산 종주를 한다고 하기에 따라 나섰다. 다행히 처음부터 걸러 올라가지는 않고 구례 역에서 새벽 기차를 내려 노고단까지 차로 올라갔다. 거기서 연하천이라는 곳까지 가서 하룻밤을 자고 다시 세석평전을 향해 갔다.

그래도 노고단에서 떠날 때는 뜨겁게 내리쬐던 햇볕이 연하천에

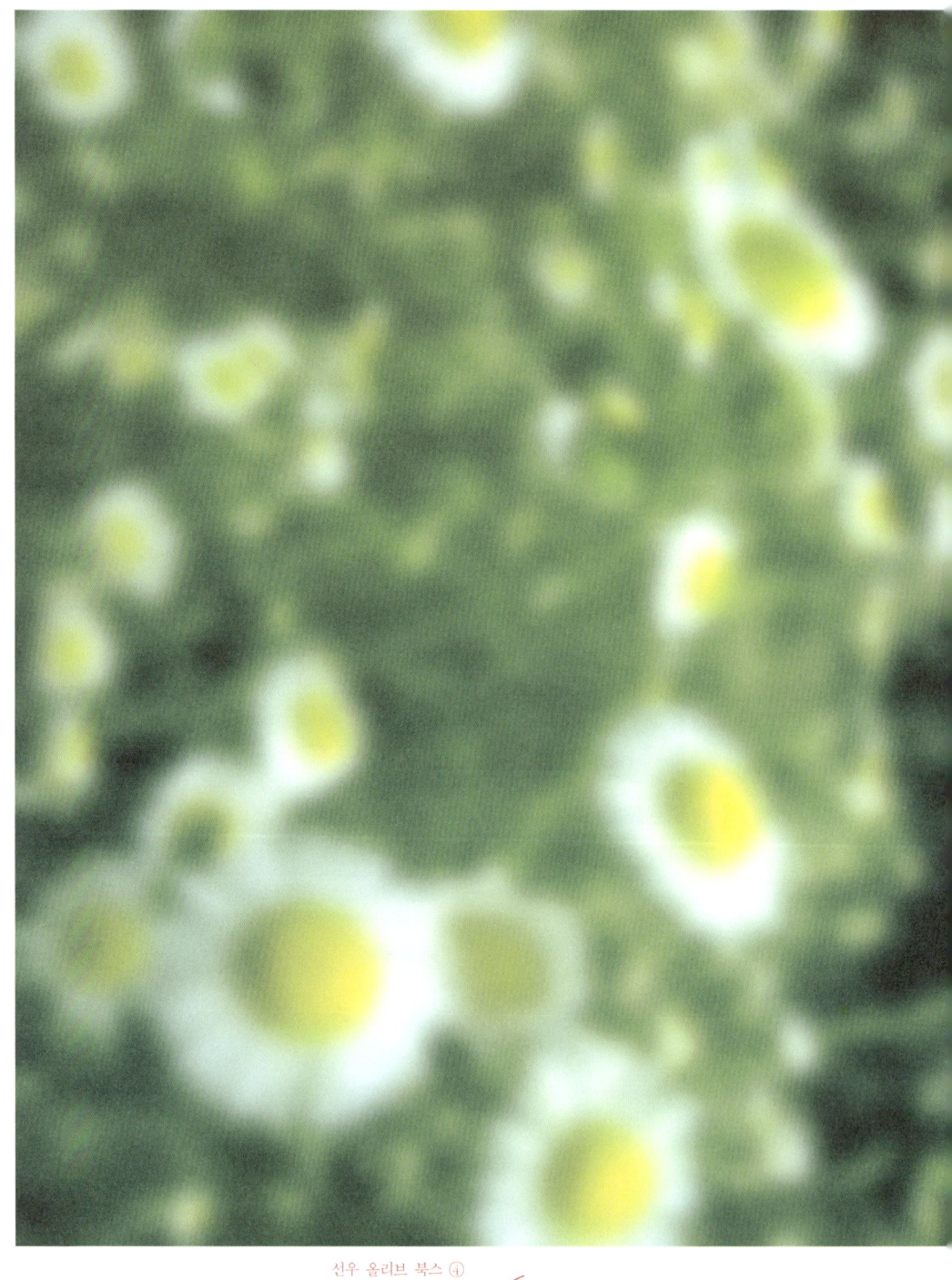

도착할 무렵부터는 구름 안개에 싸여 사라져서 시원했다 그러더니 잔돌이 많은 언덕이라는 세석평전을 향할 무렵엔 비가 되어 내리기 시작했다. 그 비를 맞으며 들어가는 길목에서부터 옥잠화를 닮은 참비비추가 줄지어 피어 있었다.

조랑조랑 매달린 연보랏빛 꽃송이가 빗방울을 뚝뚝 떨구고 있는 모습은 굳이 그럴싸한 눈으로 바라보지 않아도 깊은 슬픔에 잠긴 영혼의 모습을 드러내기에 충분했다.

세석평전을 수놓을 만큼 많이 피어있는 그 꽃들은 결코 한 영혼의 모습이 아니었다. 똑같은 슬픔을 안고 똑같이 죽어가야만 했던 이들이 그렇게 한데 얼려 피어난 것만 같았다.

그곳에 친 밤 텐트 속에선 그 참비비추의 꽃송이들이 무어라 말을 하며 다가오는 그러다 꿈을 꾸었다. 그러다 깨서야, 꽃송이로 다가오던 그들이 아버지처럼 빨치산 토벌을 위해 싸우다가 이 산에서 죽어간 사람들이리라는 생각이 들었다.

아니, 아버지와 같은 사람들의 화신만은 아니라는 생각도 함께 들었다. 그것은 분명 독 안에 든 쥐의 신세로 모두에게서 버림받고, 이 산에서 죽어가야만 했던 빨치산 그들의 모습이기도 했다.

그런 생각을 품고 산에서 내려오자마자 『南部軍』을 구해 읽었다. 책을 읽는 동안은 빨치산 생존자인 이태 씨의 지리산 이야기에 정신 없이 빨려 들어 갔다. 다 읽고 났을 땐 그들에게 쏠려 있는 나 자신을 발견하고 놀랐다.

"얼룩진 눈 위에 뚝뚝 떨어지는 핏방울을 보며 나는 머릿속으로 조용히 불러봤다. '아아, 자유, 그리고 어머니……' 몽매에도 그리던 그것들은 아직도 아득한 곳에 있었다."

책의 맨 뒷부분에 실린 절망에 찬 중얼거림은 눈물마저 떨구게 했고, 갈등은 그 때부터 시작됐다. 그의 마지막 말은, 이북에 부모를 두고 혼자 내려와 군인이 된 아버지가 총상을 입고 쓰러지던 그 새벽에 품었던 말과 빛깔이 같을지도 모르는데.

나는 진정 누구에게 더 인간적인 연민을 느껴야 하나. 빨치산이나 토벌대 모두가, 가지지 않아도 좋을 이념의 대립에서 저질러진 전쟁의 희생자들일 뿐인 것을.

갈등 속에 영화를 보고 일어나는 내 눈에는, 그 영화의 마지막 장면이 눈밭이었음에도 불구하고 세석평전에서 보았던 연보랏빛 참비비추만이 가득했다. 그와 함께 내 아버지와 이태 씨를 만나게 한다면, 이제는 인간애라는 이름으로 두 손을 마주 잡으리라는 생각이 불현듯 드는 거였다.

벌개미취 물가

가을비를 맞으면 걷던 산길에서 찍은 사진이 유난히 맑게 나왔다. 마음까지 스며들던 그 비의 사늘함 때문이었을까. 그렇게 맑은 때가 있으리라고는 생각조차 한 적이 없는데, 들여다 볼수록 사진 속의 표정이 도무지 내 것 같지가 않다.

그건 결혼 전의 표정과는 거리가 멀었다. 대학교나 고등학교 때의 표정과도 아주 달랐다. 해맑다는 느낌은 전혀 없이 그냥 통통하고 우울하기만 했던 표정, 그 때문에 자학도 많이 했다.

나도 가녀린 소녀의 모습이었으면 얼마나 좋을까. 좀 예민해 보이는 얼굴이었더라면 매력이 있었을 텐데 하면서 말이다.

그런 내가 결혼을 하고 몇 년이 지난 지금에는 마른 얼굴이 되고, 사진을 보며 믿어지지 않는다고 여길 만큼 맑은 표정을 지니게 되다니. 당연히 그랬어야 할 시기에 그렇지 못했던 내가 서른이 넘어서 그런 표정을 지니게 되리라고는 예상치 못 했다.

그렇다고 결혼 생활이 밝게 이어진 것도 아니었다. 오히려 여러 가지로 시달리는 게 너무 많은 시간들이었다. 그래서 항상 결혼 전보다 훨씬 우울한 표정을 띄고 있으리라 생각해왔다.

얼굴에 낀 기미를 볼 때면 피곤에서 헤어나지 못하는 내 자신을 확인하는 듯해서 더욱 싫었다. 하지만, 그러다 마음까지 찌들어 가게 될까봐 안간힘을 다해 하느님께 매달렸다.

바람 속에서도 나를 무너뜨리지 않으려고 아침이면 묵주 기도를 했고, 저녁이면 성당에 들렀다가며 아무리 늦었더라도 성경을 읽고 일기를 쓰지 않으면 잠자리에 들지 않았다.

산길을 걸어 절에 올랐던 그날도 아픔을 남에게 보이지 않으려고 애를 썼다. 동료교사들끼리의 연수를 겸한 여행이었기에 전날 밤에는 얼굴이 달아오르도록 웃었고, 방으로 돌아와서는 직장 문제로 어려움을 겪고 있는 남편을 위해 가지고 간 초에 불을 붙였다.

그리곤 이른 새벽에 일어나 한 시간이 넘게 또 기도를 올렸다. 신심이 깊어서가 아니라, 그렇게 하지 않으면 내게 던져진 삶의 문제를 결코 해결할 수가 없어서였다. 그러고 나서야 단잠에서 깨어나는 이들의 아침 얼굴을 밝은 표정으로 대할 수가 있었다.

가을비가 내리는 산길을 걸으며, 그 비에 머리를 적실 때는 어찌나 마음이 맑아지는지 모든 걸 다 잊기라도 한 듯했다. 거기다 백제

무왕 때 지었다는 아주 오래된 절인 마곡사는 그 비만큼이나 맑은 느낌을 주었다.

　새로 손질한 흔적이라고는 거의 없는 법당의 단청과 벽과 문짝들에는 꾸며지지 않은 역사의 내음이 잔잔하게 배어 있었다. 뜨락 가운데 서 있는 석탑 또한 귀퉁이가 깨져 나가고 깨지지 않은 귀퉁이에는 작은 종이 하나 달려서, 낡고 소박한 모습 그대로 긴 세월을 이

야기하고 있었다.

　신을 벗고 들어간 법당 안에서 마주 친 젊은 스님의 눈빛에서도 절과 탑이 지닌 아름다움이 느껴졌다. 그 모습 속에서 늘 잦아들지 않는 내적인 바람을 느꼈다. 그건 미리부터 수도자의 맑음을 좇았더라면, 하루하루를 이토록 허우적거리지 않았으련만 하는 이미 늦어 버린 후회였다.

　저린 가슴을 안고 천천히 산길을 내려오다가 만난 맑은 물은 그래서 더욱 나를 아프게 했다. 이토록 조용한 삶의 자리에 내내 머무를

수가 없다는 사실이 서러움마저 안겨 주는 거였다.

　잠시 걸음을 멈추고 물을 들여다 보노라니, 문득 마음이 맑아야만 하늘을 비출 수 있다는 말이 떠올랐다. 늘 흔들리는 수면을 하고 사는 내 안에서 하느님은 얼마만큼이나 비추어지고 계셨는지.

　그러다가 천천히 고개를 들었을 때 눈에 다가온 것은 건너편 물가에 피어 있는 한 무더기의 연보랏빛 벌개미취. 청아한 그 모습에 끌려 돌을 밟으며 기어이 물을 건너가서는 한 무더기를 꺾었다.

　차가운 물가에서 이렇게 가을을 이고 선 모습으로 피어나기까지, 아픔의 흔적이라고는 전혀 없는 맑은 빛깔의 꽃잎을 달기까지 이 가녀린 꽃대는 얼마나 많은 상처를 안으로 새기며 서 있었을지.

　그러기에 그 청아함은 오히려 날카롭기마저 한 내적인 아름다움으로 가슴을 파고 들었고, 그제서야 숱한 흔들림의 시간이 지나야만 하늘을 비출 수 있는 물의 맑음과 고요가 온다는 사실이 깨달아지는 거였다.

　내 안에서 그런 빛깔의 아름다움이 아주 조금씩은 만들어져 가고 있다는 확인 때문이었을까. 산길을 오르며 찍은 사진 속의 표정은 그 후로도 줄곧 흐뭇함이 되어오곤 했다.

선우 올리브 북스 ④
103

양란의 수도원

이틀간의 수도원 여행을 마치고 나의 자리로 돌아왔다. 그러나 이제 떠나기 전의 내가 아니었다. 수도원을 향해 병적일 만큼의 미련을 품고 살아온 나는 아니었다.

짙은 우울처럼 가슴에 드리워져 있던 그 미련을 거두어가기 위해, 위에 계신 그분은 이 겨울 수도원 여행을 허락하셨던 걸까. 이생에서는 결코 허락되지 않은 삶의 길에 연연하며 남은 날을 소진하지 않도록 말이다.

불현듯 부산에 있는 수녀원에 다녀오고 싶다는 생각이 든 건 겨울의 문턱을 넘어서면서였다. 그곳에 계신 수녀님이 벌써 언제부터 왔다 가라 하시는데도 선뜻 마음 먹어지지가 않더니.

수녀원에 발을 들여놓는 순간부터 가슴은 조용히 떨리고 있었다. 비록 아주 머물러 살 수는 없다 하더라도, 언젠가 기회가 닿으면 꼭 한번 들어와 보고 싶었던 이 깨끗한 수도자들의 집.

미리 연락을 해두었던 터라 수녀님은 정말 왔네 하며 반갑게 맞아주셨다. 어느 때 뵈어도 잔잔한 그 분은 문우회 모임에서 만난 뒤로 늘 고운 카드랑 책을 잊지 않고 보내주시곤 했다.

이모처럼 다정하게 느껴지기도 하는 수녀님은 나의 어리석은 미련을 잘 알고 계셨다. 아이를 낳고서야 수도자의 세계를 알게 되고, 진작에 알았더라면 하는 아쉬움 때문에 아직도 늦가을이면 열병을 앓곤 한다는 것을.

수녀님을 따라 잘 정돈된 뜨락을 돌아보고 가까운 바닷가에까지 나갔다오니, 마침 저녁기도 시간이었다. 수녀님이 손짓하는 대로 조용히 성당 뒷문을 열고 들어섰을 때, 귓가에 들려오는 것은 노래로 이어지고 있는 수녀님들의 맑은 기도 소리.

그 소리는 그분들과 나는 결코 하나가 될 수 없다는 데서 오는 서글픔을 먼저 안겨 주었다. 그리고는 뒤이어 그때까지 품어온 미련이 얼마나 턱없는 것인가를 일깨워주고 남았다.

조촐한 저녁을 먹은 후 수녀님은 손님방에서 묵고 가라고 했으나, 나는 고개를 가로 저었다. 오후 내내 수녀원에 머물렀던 것만으로, 나와는 빛깔이 확연히 다른 삶의 장소라는 걸 실감해서였을까.

미리 정해두었던 곳에 가서 밤을 지내고, 다음날은 일찍 왜관으로 향했다. 돌아가는 길에 그곳에 있는 피정의 집에만 들를 생각이었는

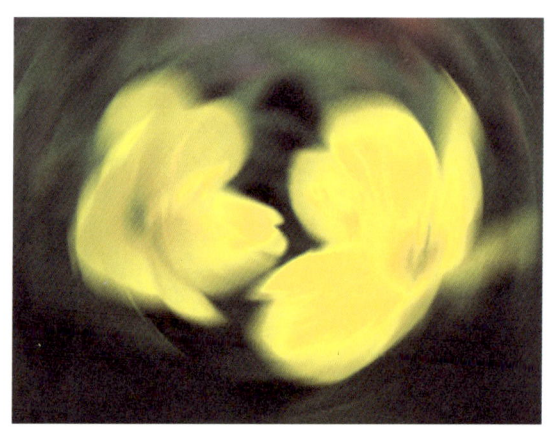

선우 올리브 북스 ④
106

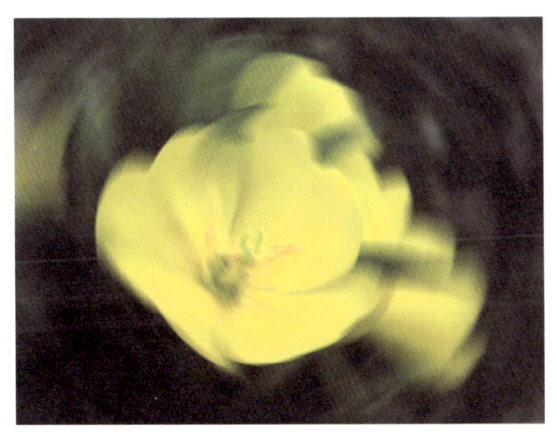

데, 수녀님은 전날 한사코 수도원에도 갔다 가라고 하셨다.

  기차역에서 내려 십여 분쯤 걸어가니 수녀원보다 더 무겁게 느껴지는 남자수도원이 나왔다. 문 앞에서 쭈뼛거리고 섰는데, 안에서 수사님 한 분이 먼저 나와 어떻게 오셨어요 했다.

  수녀님께서 말씀하신 수사님은 연세가 꽤 든 분이었다. 수녀님 부탁이라 약속까지 미루고 기다렸노라는 그분에게서는, 온화하면서도 엄격한 수도자의 분위기가 그대로 풍겨났다.

  때마침 낮기도 시간이라 수녀원에서처럼 성당에 들어갈 수가 있었다. 바깥 쪽에서 통하는 문을 열고 조심스레 발을 들여놓자, 검은 수도복 차림의 수사님들이 성무일도 책을 들고 서 있는 모습이 다가왔다. 그리곤 이내 노래로 이어지는 낮고 굵은 목소리의 기도가 들려오기 시작했다.

  그와 함께 눈에 들어오는 것은 제대 옆에 놓인 화분에서 막 피어나고 있는 심비디움이라는 하얀 빛깔을 띤 양란. 그렇게 멀게 느껴지는 꽃은 두 번 다시 없으리라고 할 만큼, 그 꽃은 내게서 아주 멀리 있다는 생각이 들었다.

  그분을 위해 일생을 살아가리라 거듭거듭 다짐하는 수사님들의 묵직한 기도 소리를 들으며 피어난 꽃. 내 삶 안에서는 결코 손에 닿지 않을, 그래서 더욱 귀하게 여겨지는 저 꽃.

  점심을 먹고는 수사님의 안내로 수사님들이 각자의 소임을 맡아 일하는 인쇄소와 농장과 목공소를 돌아볼 수 있었다. 그리고 나서 따스한 차를 한 잔씩 마신 후 밖으로 나왔다.

수도원 뜰에는 마침 바람이 지나가고 있었다. 그 바람에 휘날리는 수사님의 망토자락은 그곳이 내가 사는 곳과는 영 다른 곳임을 다시금 느끼게 하는 바람 안의 바람이었다.

돌아오는 차 속에서 난 줄곧 같은 말만 되뇌이고 있었다. 이젠 확실하게 나의 자리로 돌아가 사는 일만 남은 거야.

집에 들어섰을 때 식구들의 얼굴 다음으로 다가오는 것은 낡은 책상 위에 놓인 양란의 장식품이었다. 유리처럼 투명한 플라스틱 작은 정육면체 속에, 활짝 피었을 때 따서 넣은 하얀 빛깔의 심비디움 한 송이가 들어있는 거였다.

오래전 그것을 주셨던 노신부님께서는, 어느날 내가 수도원에 핀 양란을 보고 돌아와 내 자리를 받아들이게 되리라는 걸 미리 헤아리기라도 하셨던 걸까.

"내게 허락된 길이 무엇인가를 아는 데 꼭 십 년이 걸렸네요. 수도원에 다녀오고서야 버리게 된 수도원을 향한 미련은 이제, 저 장식품 속의 양란처럼 박제가 되어 남겠지요."

극락조화 그림자

우울한 저녁이었다. 남편과 함께 겨울비가 내리는 경주의 낯선 거리를 거닐며 가슴에 젖어드는 우울함을 달래기 위해 애를 썼다.

조경을 하는 남편이 경주로 내려온 건 일 년쯤 전이었다. 물론 기술사를 딴 뒤에 모처럼 전공을 살릴 수 있는 직장에서 일을 하게 되었으니 그것만으로도 감사를 드려야 했지만, 뒤늦게 혼자서 자취생활을 해야 하는 게 안쓰러웠다.

그렇다고 학교에 나가는 내가 갑자기 따라 내려올 수도 없는 일이어서, 시어머님과 아이와 함께 서울에 남아 있자니 힘든 게 한두 가지가 아니었다. 그럴 때면 오래 전부터 품어온 소망이 얼마나 어리석은 것이었는가를 실감하지 않을 수 없었다.

남편과 좀 떨어져서 생활을 하게 되면 얼마나 좋을까. 늘 얼굴 맞

대고 사느라 느낄 겨를이 없던 그리움도 가져보고, 서로가 자기 세계에 충실할 수도 있으련만.

한데 막상 헤어져 있게 되고 보니 부딪히는 일은 없어서 좋은데, 안 하던 걱정까지 새삼스럽게 하느라 그리움이라는 감정은 또 뒤로 밀려나 버리는 것이었다.

남편이 올라오거나 내가 내려가거나 간에 토요일 밤늦게 만났다가 일요일 오후면 헤어져야 하니, 아쉬움은 이내 쓸쓸함으로 변해 마음을 어둡게 했다. 방학을 한 뒤에는 그래도 내가 여러 날 내려와 있을 수 있어서 괜찮았는데.

혼자 있을 땐 그런 대로 지내다가도 이렇게 와 있다 가면 한층 쓸쓸해져 견디기가 힘들다는 남편의 말을 듣자니, 삶은 왜 이렇게 늘 한 구석이 어두워야만 하는 걸까 싶어 한숨이 나왔다.

그래서 다리가 아프도록 경주의 낯선 거리를 거닐다가 발길이 머문 곳이 잔잔한 겨울비에 젖고 있는 성당이었다. 저녁 미사 시간은 훨씬 지났을 무렵인데 어디선가 성가 소리가 은은히 들려왔다.

안으로 들어가 보자는 내 말에 남편은 그냥 밖에서 성모상을 바라보며 기도하겠다고 했다. 나 혼자 조심스레 신발을 벗고 마루바닥으로 된 성당 안으로 들어섰다.

앞을 바라보니 성당 안에는 의외로 아무도 없었다. 성가 소리는 이층에 있는 성가대 석에서 들려오고 있었다. 저녁 미사가 끝난 뒤

따로 모여 연습을 하고 있는 듯했다.

 올려다 보는 내 시선이 노래를 멈추게 할 것 같아서 얼른 고개를 돌렸다. 그러자 제일 먼저 눈에 띄는 것은 어둠 속에서 감실을 밝히는 불빛이었다. 조용히 장궤틀에 무릎을 꿇었다.

 아무 것도 생각지 않은 채 한동안 그 불빛만 바라다 봤다. 그러고 있다 보니 감실 옆에 있는 대에 놓인 수반의 꽃꽂이가 눈에 들어 왔다. 극락조화만을 몇 송이 꽂아놓은 단순하면서도 인상적인 모양새였다.

 하지만 정작 내가 본 것은 석 장의 주황빛 꽃받침과 석 장의 진보랏빛 날렵한 꽃잎으로 된, 독특하면서도 신비로운 느낌을 주는 그 꽃의 실제 모습이 아니었다.

 극락조의 머리에 솟은 관 모양의 깃털을 닮아 극락조화라고 한다는 그 꽃은 이름이 그래서인지 모양이 그래서인지, 볼 때마다 천상의 세계를 느끼게 했었는데.

 그러한 꽃의 모습은 어둠 때문에 선명히 보이지를 않고, 하얀 벽에 비친 그림자가 오히려 더 뚜렷이 보여지고 있었다. 그 그림자는 극락조화의 실제 모습을 보며 가졌던 감정과는 또 다른 감정을 불러 일으켰다.

 하느님의 신비로운 부르심은 신앙의 어둠 속에서가 아니면 결코 들려오지 않는다는 말이 떠올랐고, 그 소리를 듣기 위해선 긴 내적

침묵이 요구된다던 말이 쉽게 이해되어지는 거였다.

  누가 그랬었나. 우린 지금 하느님께서 직접 말씀하시지 않는 세대에 살고 있고, 그것이 가장 버티기 힘든 일 중의 하나라고

  그건 내게도 절실하게 다가오곤 하는 어려움이었다. 길게만 느껴지는 삶의 어둠 속에서 가장 깊이 가슴을 파는 괴로움은 이것이 정녕 하느님의 뜻일까 하는 회의였으므로

  그 때마다 누군가는 하느님의 너무나 강한 빛에 우리의 눈이 상처를 입지 않기 위해선, 그 빛의 그림자와도 같은 어둠이 반드시 있어야 한다고 일러 주었다.

  그건 천상 세계의 그림자일지도 모를 이곳에서의 삶을 묵묵히 이어가며, 비록 회의가 올지라도 자기의 전부를 바쳐 천상의 빛을 좇아야 한다던 말과도 같았다.

  생각이 거기에 이르러서야, 비로소 극락조화의 그림자가 그토록 인상깊게 다가온 이유를 알 수 있었다. 그 그림자를 통해서 우울함의 의미를 받아들인 탓이었는지, 그 뒤로는 우리에게 드리워진 삶의 우울이 오히려 감사하게 여겨지는 날들이었다.

프리자 여인

프리자만 보면 생각나는 사람이 있다. 프리자처럼 조촐하면서도 그 진한 삶의 향기가 마음의 방 안을 메우곤 하는 분이다. 내가 맡은 아이의 어머니였던 그분을 처음 대한 건 교단에 서던 첫해였다.

늦은 봄에 학부모 면담이 있었다. 처음이라 서툰 것도 많은데다가 하루에 여러 명을 만나자니 자연히 진땀이 났다. 오늘은 그만 왔으면 하고 있는데 또 한 사람이 들어왔다.

한숨을 쉬며 고개를 들다가 저절로 눈이 커졌다. 어쩌면 저렇게 화사하고 고울 수가 있을까. 진분홍 실크 한복에 하얀 레이스로 된 쇼올을 걸친 그 어머니는 참 돋보이는 여인이었다.

더욱 마음을 일렁이게 한 건 손에 들려 있는 노란 프리자 한 다발. 무얼 좋아하실지 몰라서 꽃을 사왔다며 조용히 웃는 얼굴이 프리자

보다 더 환해 보였다.

이야기를 주고 받는 동안 진한 프리자의 향기는 코 끝을 맴돌았고, 퍼져나가는 향기가 그분과 나의 마음을 이어 주었으면 싶기까지 했다. 그 바람이 이루어져서 그 집엘 가게 된 건 여름 방학이 다가올 무렵이었다.

손수 가꾸는 갖가지 화초들이 집 안의 여기 저기에 놓여 있어서 마치 꽃집엘 들어간 기분이었다. 꽤 넓은 마당에는 과일 나무가 심어져 있고, 그 사이에 하얀 벤취가 하나 놓여 있었다. 저녁 식사 때 인사를 나누게 된 남편 역시 퍽 소탈한 사람이었다.

그 뒤론 점점 가까워져서 연극도 보고 마음에 드는 찻집에도 들르게 됐다. 그때마다 항상 그분의 밝은 표정이 부러웠다. 곁에 있는 이의 마음을 환하게 해주는 웃음도 그랬다.

그분이 교외로 내려간 건 그러면서 몇 년이 흐른 후였다. 남편과의 긴 의논 끝에 젖소를 기르는 목장을 차린 모양이었다. 떠날 때 그분은 별 말없이 웃기만 했다. 다만 내 짐작으로 무언가 힘든 일이 있구나 할 뿐이었다.

헤어지기 바로 전에 결혼을 한 내가 첫아이를 낳아 세 살이 되도록 아무런 소식이 없었다. 알아 두었던 주소로 편지를 띄웠지만 답장이 없었다. 서운하기보다는 오히려 생활이 얼마나 고달픈 걸까 싶어 가슴 한 구석이 저렸다.

그러던 어느날 반가운 목소리가 전화 속에서 들려 왔다. 말을 시작하면 안 좋은 이야기만 나올까봐 참고 있었노라고 했다. 할 도리 다 못해 미안하기 그지없다는 그분에게선 예전과 다름없는 환함이 느껴져서 무엇보다 기뻤다.

벼르고 별러서 그때 캐물은 길을 따라서 목장에 간 건 이번 봄방학 때였다. 언젠가 한 번 그분을 보고 나서, 저런 여인과 사는 사람은 참 행복하겠다고 한 남편과 함께였다.

개 짖는 소리에 문을 열고 나오는 그분은 시골 사람이 다 되어 있었다. 어느새 희끗희끗해진 머리와 수없이 늘어난 눈가의 주름. 하지만 반색을 하는 밝은 목소리와 웃음은 가슴 아파할 겨를이 없게 만들었다. 흙이 묻은 바지를 털며 들어오는 그분의 남편도 전보다 훨씬 나이들어 보였지만 소탈하기는 마찬가지였다.

내가 맡았던 아이는 벌써 대학생이 되어 집을 떠나 있었다. 그 아들의 방에서 벽 쪽에 놓인 두 짝 가리개를 가리키며 쥐와 함께 사는 것도 재미있다고 하기에 보니, 정성들여 놓았던 수를 쥐가 갉아 먹어서 엉망이었다.

내 눈에 핑 도는 눈물을 보면서도 그냥 웃음만 짓는 그 모습을 보며 시들어가는 프리자를 떠올렸다. 버리려고 하다가도 그 꽃잎 사이에서 나는 향기 때문에 도로 갖다 꽂곤 했던 기억이 되살아 났다.

거칠어진 그분의 얼굴은 이제 돋보이지 않지만 향기는 그대로라

는 생각이 스쳐서였을까. 그분에게서 물씬 풍겨나오는 진한 생활의 내음이 처음 프리자를 안고 왔을 때의 화사함보다 더 깊은 아름다움일 수 있다는 생각마저 들었다.

  남편과 내가 돌아올 때 그분은 우사를 고쳐서 만든 허름한 집 앞에서 한참 손을 흔들며 서 있었다. 많은 이야기를 주고 받은 건 아니었지만, 젖소 냄새 밴 그분의 모습만으로 그동안의 이야기가 되고 남는 듯했다.

  아직도 바람이 찬 길을 걸으며 남편은 어려움 속에서도 환한 웃음과 목소리 여전하시더군 했다. 그게 바로 그분이 지니 삶의 향기일 거예요 라고 대답하며, 난 벌써 그분을 그리워하고 있었다. 노란 프리자를 사다 꽂으며 봄 내내 그리움을 달래야 할 것 같았다.

스타티스와 노인

스타티스는 이해하기가 어려운 꽃이었다. 분명히 만든 꽃은 아니면서도, 처음의 모습과 시들 만한 시간이 지나고 났을 때의 모습이 믿어지지 않을 정도로 흡사했기에.

지나는 길에 꽃집에서 한 다발 사다가 꽂아 놓으면 그대로 얼마든지 가고 했다. 차도 지루해서 이제 버려야지 하고 보면 약간 빛이 바랜 듯이 느껴질 뿐 별로 달라진 게 없었다.

사다 꽃은 지 여러 날이 지나, 바삭거리는 꽃잎에 앉은 먼지가 보일 정도인데도 전혀 시들게 느껴지지 않았던 건 처음부터 그렇게 메말라 있어서인지도 몰랐다.

저 꽃은 정말 살아 있다가 죽은 것일까. 메마른 꽃잎에서 느껴지듯이 애초부터 죽어 있었던 건 혹시 아닐까. 싱싱한 때와 시들었을 때를 도무지 구별할 수 없게 만드는 모양새엔 캐내기 힘든 깊은 의미가 담겨 있을 듯했다.

왜 처음부터 살아있지 않은 것 같은 모습을 하고 있는 건 어쩌면, 보는 이로 하여금 살아 있는 것과 죽어 있는 것을 구분짓지 못 하게 하기 위해서는 아닐지.

스타티스를 닮았다고 느꼈던 한 노인이 세상을 떠난 건 올 겨울이었다. 원로 사학자였던 그분의 모습을 다시는 뵐 수가 없다는 생각에 한동안 마음이 비어 있었다. 대쪽 같은 선비였다는 말과 함께 신문에 실린 그분의 마지막 얼굴은 더욱 그분을 그립게 했다.

그러다 얼마가 지나자 말린 스타티스로 눈이 가면서, 살아계실 때부터 이미 살아계신 것 같지가 않던 분이었으니 여기에서의 모습 그대로 어디엔가 머물러 계시지 않을까 하는 생각이 들었다.

돌아보면 그분은 대학교 삼학년 때 강의실에서 처음 만나 뵈었을 무렵부터 스타티스처럼 메마른 모습을 하고 계셨다. 서양 사상사를 논하시는 그분의 목소리와 얼굴에서 살아있는 사람의 숨결이 느껴지지 않는 것은 너무 연로하신 탓이려니 했다.

기회가 닿아 그분의 연구실에 발을 들여 놓게 되면서 그런 느낌이 단순한 연로에서 오는 것이 아님을 알게 됐다. 온통 책으로 둘러 싸인 방에서 끊임없이 읽고 쓰시는 그분의 모습은 결코 기력을 다 한 노인의 것이 아니었기에.

젊은이 못지 않은 그 정열이 다만, 노인이 아니고서는 결코 지닐 수 없는 깊고 오랜 삶의 연륜 속에 감추어져서 겉으로만 생기없게 보였을 뿐이었다.

"노인은 노인다워야 아름다운 거다. 노인이 노인답지 못하면 말할 수없이 추해지고 만다."

늘 말씀하신 대로 그분은 정말 노인다운 아름다움을 지니기 위해, 노인다운 말만 골라서 하셨고 노인다운 표정이 아니면 짓지 않으셨다. 웬만한 바람에는 전혀 흔들림이 없는 그런 모습에서 이미 죽음을 넘어선 듯한 초연함이 느껴지곤 했다.

"학자는 고독을 즐길 줄 알아야 한다. 고독을 즐길 줄 모르는 학자는 벌써 고독에 진 거다."

언젠가 고독을 이야기 하시던 때에도 그분의 표정에선 전혀 고독을 읽을 수가 없었다. 숱한 외로움 속에서 학문의 세계를 지켜온 긴 세월 동안 고독은 이미 깊은 곳으로 스며들어 그분의 일부가 되어 버렸는지 몰랐다.

그렇게 가끔 뵙곤 하면서 내가 졸업을 하고 교사가 된 지도 몇 년. 벌써 죽음 너머의 삶을 누리고 계신 듯한 그 모습으로 언제까지나 머무르시면서, 아름다운 노인만이 할 수 있는 이야길 들려 주시리라 믿었다.

하지만 쓰시던 글 그대로 책상 위에 펴 놓은 채로 어느날 홀연히 세상을 떠나시고 말았다. 아직도 못다 한 일이 너무 많아서 잠 드는

선우 올리브 북스 ④

시간이 아깝다고 하시더니만, 잠시 자리에 누워 쉬시다가 아주 잠이 드시고 만 거였다.

 그분다운 마지막이라 생각하며 성당에 가서 연미사를 드렸지만, 도무지 그분의 죽음이 받아들여지지 않았다. 오래 전부터 이미 살아계신 것 같지가 않게 살아계셨던 탓인지, 아니면 돌아가신 것 같지가 않게 돌아가신 탓인지 알 수가 없었다.

 진정 노인다웠던 그분 삶의 아름다움은 내가 노인이 되도록 새겨져 있을 것이기에, 머릿속에서는 오히려 이제 와서 새삼스레 그분을 잃은 것도 아니라는 생각이 강해질 뿐이었다.

 떠나시면서 그분은 어쩌면 이해하기 어려웠던 스타티스의 의미를 그분 안에서 알게 하셨는지도 모른다는 생각까지 드는 거였다. 죽은 뒤에도 죽기 전까지의 그 깨끗한 모습을 잃지 않기 위해, 삶 속에서 하루하루 죽음을 불러 들이고 있던 머리 하얀 노인.

 추한 모습으로 시들어가지 않기 위해 싱싱할 때부터 메마른 모습을 하고 있는지도 모를 스타티스와 너무도 닮아 있던 모습. 결국 그건 노인다운 따스함으로 아픔을 가라앉혀 주시곤 하던 그분의 목소리와 함께, 그분이 내게 남긴 보이지 않는 유산이었다.

히아신스 여왕

　　　　　　　　어깨까지 내려오는 머리를 올리기 시작했다. 목선이 드러나니 우선 상큼해 보인다. 그와 함께 생긴 것과는 상관없이 단아한 느낌을 주어서 좋다.

　　　　　　　　올림 머리가 하루 아침에 이루어지는 게 아니라는 걸, 내가 그 머리를 하게 되면서야 알았다. 그 모양새에서 느껴지는 산뜻함과 겨우 높음 또한 그렇다는 것도.

　몇 년 전에도 다른 일을 통해 그런 사실을 알았다. 두 번째 수필집을 낸 후 평화 방송의 한 프로에 나가서였다. 출연 연락을 받았을 때 한편으로는 기쁘면서도, 마치 백일장 참가를 앞둔 기분이었다.

　중고등학교 시절 문예반원으로 여러 글짓기 대회에 참가한 기억이 있다. 어찌된 일인지 현상 모집에서는 입상을 하면서도 백일장에서는 번번이 떨어지곤 했다.

　처음엔 그날 주어진 제목이 나와 맞지 않아 감정이 잘 살아나지 않았다는 쪽으로 자위를 했다. 하지만 자꾸 반복이 되다 보니 나중엔 주눅이 들어 더욱더 힘이 들었다.

그럴수록 충분히 다듬은 작품을 낼 수 있는 현상 모집보다는 백일장 쪽에 마음이 쏠렸다. 순간적으로 떠오르는 영감을 글로 표현해 내는 힘이 더 높은 예술적 능력으로 여겨져서였을까.

하지만 그런 내 집착과는 달리 결국 백일장에서는 한 번도 크게 입상을 해보지 못했다. 방송 출연을 앞두고 그 기억이 되살아난 건 바로 무엇인가가 이루어진다는 면에서 생방송과 백일장이 같게 느껴져서였을 게다.

"오늘은 꽃 수필을 쓰시는 이정원 선생님과 이야기를 나누겠습니다"라는 말이 나가자, 당차게 마음 먹었던 것과는 달리 떨려오기 시작했다. 이어지는 질문에 떨리는 것에 비해서는 그래도 퍽 차분하게 대답을 했다.

방송을 마치고 나오니, 잘 하셨어요라는 말이 들려 왔다. 그 말은 삼십분 간의 긴장감과 맞바꾼 기쁨으로 안겨 왔다. 곧바로 방송을 들어 주기로 한 친구에게 전화를 걸었다.

그는 나보다 더 들뜬 목소리로 "평소에 네가 이야기하던 그대로야" 하고 말해 주었다. 그 말은 내가 어떻게 방송을 잘 할 수 있었는가를 설명해 주고 남았다. 언제 어디서 누가 물어도 그 정도는 능히 답할 수 있다는 자신감.

그건 나이가 드는 동안 내 삶의 항아리에 꽂힌 생각과 감정의 꽃이 그만큼 풍부해졌다는 뜻이기도 했다. 그러고 나니 늘 아쉬움이 남았던 백일장에라도 입상을 한 양 흡족했다.

그 방송으로써 나는 현상 모집에서의 글쓰기보다 더 높은 예술적 능력이라고 믿어온 백일장에서의 힘이, 평소 삶이 지닌 폭과 깊이를 통해 온다는 사실을 안 셈이었다.

자기 사랑에 빠진 여자를 일컬어 '공주병'에 걸렸다는 말이 번졌던 지난 해. 교지에 실린 앙케이트에서 한 아이가 나를 보고 '여왕병'이라는 표현을 썼다.

그걸 보며 히아신스를 기다리던 한 여왕을 떠올렸다. 자잘한 꽃송이가 모여 하나의 유선형 꽃묶음을 이루어내는 모양이, 머리 올린 여인의 모습을 느끼게 하는 그 꽃엔 전설이 있다.

술탄이라는 나라에 민심을 어지럽히는 히아킨토스라는 도적이 나타났다. 여왕이 잡아 들이라고 명을 내렸으나 아무도 엄두를 내지 못했다. 걸맞지 않게 도적은 히아신스를 좋아해서 가는 곳마다 그 향기를 풍겼다.

얼마 후 여러 귀족과 기사가 여왕과 더불어 춤을 추고 있을 때, 어디선가 히아신스의 향내가 나기 시작했다. 히아킨토스가 온 것은 분명했으나 그 얼굴을 아는 사람이 없었다. 다들 겁에 질려서 자리를 뜨는데 여왕과 짝이 된 기사만은 끄떡하지 않았다.

그 태도가 믿음직스러워 여왕이 이름을 묻자, 기사는 대답없이 옷자락 안쪽에 달았던 히아신스를 꺼내 바쳤다. 그가 히아킨토스임을 알면서도 첫눈에 반해 버린 여왕은 자신이 여왕임을 한탄했다.

무도회가 끝나고 그가 떠난 뒤 그녀는 긴 세월 가슴을 조리며 살았다. 히아킨토스가 잡혀오지 않기를 빌면서도, 한편으로는 잡혀와 얼굴만이라도 한 번 더 보기를 소망하는 엇갈린 마음으로. 애타는 그 마음은 궁정 뜨락 가득히 히아신스를 심게 했고, 그윽한 향기와 더불어 히아킨토스를 향한 그리움을 달랬다.

공주보다는 여왕이라고 해야할 나이의 여인이 된 내게도, 그와 같은 그리움이 하나쯤은 간직되어 있을까. 가슴 깊이 내재된 그런 기다림이 진실로 우미한 자태를 지니게 할지 모른다는 생각을 한다.

이제는 삶의 백일장이 두렵지 않은 나이. 올림 머리가 어울리는 나이가 된 나를 남은 시간 잘 가꾸고 싶다. 히아신스를 심어 가꾸듯이 가슴 안의 그리움과 기다림을 조용히 심어 가꾸며.

꽃무릇 생명

다홍색 꽃무릇 안에서 함께 어우러져 사는 생명의 아름다움을 발견하게 한 건 그 여자였다. 석산이라고도 불리는 꽃무릇을 처음 보았을 땐 참 어지러운 모양새의 꽃도 다 있구나 했다.

뒤로 젖혀진 길고 좁은 여섯 장의 꽃잎과 실 같은 한 개의 암술과 그보다 더 길게 활처럼 휘어진 여섯 개의 수술이 한데 섞여, 어떤 게 꽃잎이고 어떤 게 술인지 좀처럼 구분이 가지 않았다.

그 꽃을 다시금 보게 된 건 청마 문학관에 가서였다. 돌계단 옆 비탈면에 무리지어 피어 있었다. 뒤로 말린 꽃잎과 휘어진 긴 암수술이 엉켜 있는데다 그것이 여러 송이 모여 있으니, 꽃잎과 술의 구분은 물론 한 송이 한 송이의 구분도 어려웠다.

그 모양새가 어찌 보면 너나 할 것 없이 얼싸안고 웃음을 나누고 있는 것 같기도 했고, 어찌 보면 서로의 어깨를 다독이며 한마음이 되어 울음을 나누고 있는 것 같기도 했다.

잔잔한 감동이 밀려와 콧등 시큰해하다가 한 여자가 떠올랐다. 전날 저녁에는 산양 일주도로를 돌아 달아 공원을 거쳐 해양 수산과학관이 있는 언덕에서, 바다 너머로 지는 해가 꽃무릇의 다홍빛 꽃잎처럼 될 때까지 탄성을 지르며 함께 바라보았는데.

저녁을 먹는 자리에서부터 눈이 영 맥없어 보이더니, 다음날 아침엔 도저히 기신을 할 수가 없어 남편만 보낸다는 연락이 왔다. 한사코 마다하는데도 남편은 아내를 대신해 우리 일행을 안내해 주었다. 그리고는 좀 이르게 고속 터미널에 내려주더니만, 잠시만 기다리라며 얼른 집에 가서 아내를 태우고 오는 거였다.

전날도 마를 대로 마른 얼굴에 핏기가 없어 보였는데 그날은 더했다. 그 모습을 보자니 안쓰러워서 자연히 눈가가 붉어졌다. 자기 몸이 그러면서도 같이 다니지 못해서 미안하다는 말만 되풀이하다가, 떠나기 전에야 부탁이 있다며 조심스레 말을 꺼냈다.

"올해 안으로 제가 수필집을 내도록 도와줄 수 있으세요. 그걸 해놓고 나면 여한이 없겠는데 혼자 힘으로는 엄두가 안 나서요."

그녀가 동인회에 처음 나왔을 때부터 안타깝다는 생각은 들었었다. 췌장에 담석이 들어 있어 통증이 올 때마다 진통제로 버티는데 그 후유증으로 몹시 쇠약한 상태라고 해서였다.

췌장에 있는 담석은 현재로서는 꺼낼 수 있는 의술이 없어 진통제

밖에는 방법이 없는데, 오랜 기간을 앓다 보니 그 양이 느는데도 효과가 없다고 했다. 약만 가지고는 도저히 안 돼서 췌장 부근의 신경을 하나씩 끊어내는 수술을 받으며 견딘다고 했다.

 책 내는 걸 기꺼이 도와주겠다고 약속하고 돌아와서는 바로 작업을 시작했다. 대학교 때 의사인 아버지가 돌아간 후 어머니마저 떠나고 남은 동생들을 공부시키기 위해 자식이 있는 사람과 결혼한 사연에서부터, 뜻밖의 발병으로 겪는 고통과 그 고통 속에서도 안간힘을 다해 일어나는 의지가 담긴 글들이었다.

 애를 쓴 덕분에 '은빛 나비'라는 이름으로 연보랏빛 표지를 한 수필집이 나오고, 내친 김에 출판 기념회까지 하기로 마음을 모았다. 뭐 하나 마음대로 하지를 못 하는 그녀의 축제를 위해 여러 명의 동인이 통영으로 내려갔다.

 출판기념회장에는 진심으로 그녀를 축하하는 사람들과 꽃으로 넘쳐났다. 작가들보다는 시댁과 친정 식구들과 그녀와 남편의 친구가 더 많았고, 아들들 또한 고운 한복을 입은 새어머니 곁에 서서 밝은 얼굴로 인사를 했다.

 그 자리에서 자기 수필을 한 편 낭독해달라는 부탁을 받고는 두말없이 '벙어리 애인'을 골랐다. 불평 한 마디 없이 아내의 병수발을 해주는 남편에 대한 고마움을 담은 글이었다.

"……이제야 그 남자의 마음을 아는 나는 그 남자를 나의 벙어리 애인이라 부른다. 한결 같기만 한 나의 벙어리 애인에게 이제 나는 고통 받는 내 몸을 좀 편히 의지하며 같은 공간에서 같이 숨쉰다. 그리고 둘이서 한 곳을 바라보며 같이 밥을 먹고 같은 이불을 덮는다. 나의 남편, 벙어리 애인. 말할 줄 아는 벙어리 애인."

정작 내가 목이 메면 안 되겠기에 될 수 있는 한 감정을 절제하며 읽기를 끝내는 순간, 그곳에 모인 사람들의 눈에서 다들 눈물이 글썽임을 느낄 수 있었다.

그와 더불어 그녀가 하루라도 더 건강한 모습으로 있어 주기를 바라는 그들의 마음이 무수한 꽃잎이 되어, 꽃무릇처럼 어우러지고 있다는 느낌이 안겨왔다.

자기를 쪼개서 동기간을 보살핀 그녀나 그런 그녀를 이해하고 보살핀 남편이나, 그녀의 축제를 위해 모여든 친지와 친구와 동인들 모두가 꽃무릇의 한데 얼려 있는 꽃잎과 술처럼 애초부터 구분이 가지 않는 생명을 잠시 나누어 가진 존재들 같았다.